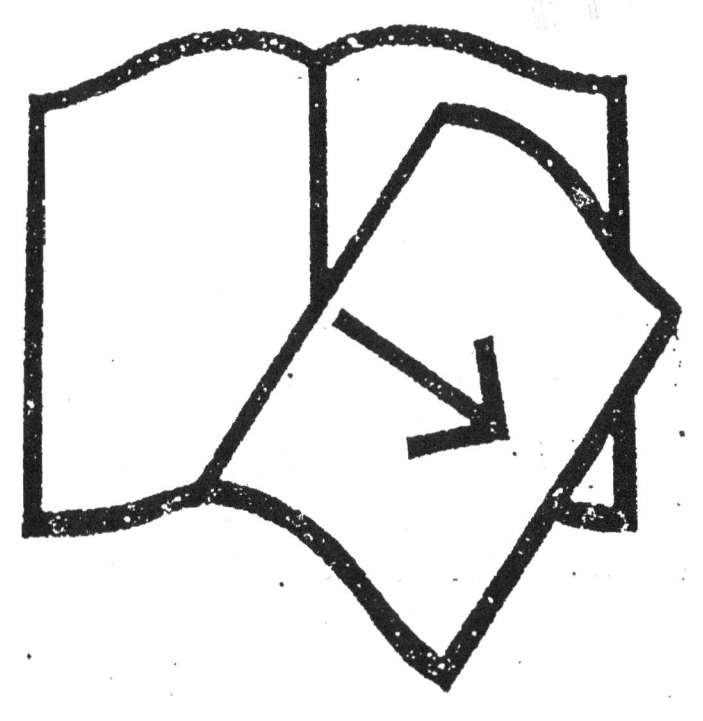

Couvertures supérieure et inférieure manquantes

LA CAVALIÈRE

PUBLICATIONS
DE LA
SOCIÉTÉ GÉNÉRALE DE LIBRAIRIE CATHOLIQUE
V°° PALMÉ, 25, rue de Grenelle-Saint-Germain, Paris

ŒUVRES DE PAUL FÉVAL
SOIGNEUSEMENT REVUES ET CORRIGÉES

VIENNENT DE PARAITRE

Jésuites! un fort vol, in-12, 18º édition. . . . . 3 fr.
Les Étapes d'une conversion, un volume in-12, 18º édition . . . . 3 fr.
Pierre Blot, second épisode des *Etapes d'une conversion*, 1 v. in-12, 10º édit. . . . . 3 fr.
La Première Communion, 3º épisode des *Etapes d'une conversion*, 1 v. in-12, 6º éd. 3 fr.
La Fée des Grèves, un volume in-12, 10º édition. . 3 fr.
L'Homme de Fer, un volume in-12, 6º édition. . 3 fr.
Les Contes de Bretagne, un volume in-12, 8º édition. 3 fr.
Châteaupauvre, un volume in-12, 7º édition. . . . 3 fr.
Frère Tranquille, un volume in-12, 6º édition . . 3 fr.
Le Dernier Chevalier, un volume in-12, 5º édition . 3 fr.
Le Château de velours, 1 volume in-12, 6º édition . 3 fr.
La Fille du Juif-Errant, 1 volume in-12, 5º édition . 3 fr.
La Louve, un volume in-12, 5º édition . . . . . . 3 fr.
Valentine de Rohan, un volume in-12, 5º édition. 3 fr.
Le Mendiant noir, un volume in-12, 5º éd. . . . 3 fr.
Les Romans enfantins, 1 volume in-12 3º éd. . . 3 fr.
Le Poisson d'Or, 1 volume in-12, 5º éd. . . . . . 3 fr.
Les Veillées de Famille, un volume in 12 . . . 3 fr.
Le Loup blanc, un volume in-12, 4º éd. . . . . . 3 fr.
Rollan Pied-de-Fer, 1 volume in-12, 3º éd. . . 3 fr.
Le Régiment des Géants, 1 volume in-12, 3º éd. . 3 fr.
Chouans et Bleus, 1 volume in-12, 3º éd. . . . 3 fr.
Le Chevalier Ténèbre, 1 volume in-12, 3º éd. . 3 fr.
Les Fanfarons du Roi, 1 volume in-12, 3º éd. . . 3 fr.
Corentin Quimper, 1 volume in-12, 4º éd. . . . 3 fr.
Les Couteaux d'Or, 1 volume in-12, 3º éd. . . 3 fr.
Les Errants de nuit, 1 vol. in-12 . . . . 3 fr.
Fontaine aux Perles, 1 v. in-12 . . . . 3 fr.
La Reine des Épées, 1 volume in-12. . . . . . . 3 fr.
Les Parvenus, un volume in-12 . . . . 3 fr.
Les Compagnons du Silence, 1 vol, in-12. . . 3 fr.
Le Prince Coriolani, 1 vol. in-12. . . . . 3 fr.
Histoire de Revenants. 1 vol. in-12. . . . . . 3 fr.
Roger-Bontemps, histoire d'un notaire et d'une tonne d'or, 1 vol. in-12. . . . 3 fr.

LA BELLE ETOILE
Un volume in-12, 2º édition . 3 fr.

LES MERVEILLES DU MONT SAINT-MICHEL
Un beau volume in-12, 7º édition . 3 fr.

CORBEILLE D'HISTOIRES
(INÉDIT) 1 volume in-12. 3º éd. . 3 fr.

PAS DE DIVORCE!
(INÉDIT) 1 volume in-12, 9º éd. . 3 fr.

Saint-Amand (Cher). — Imprimerie de DESTENAY,

OEUVRES
DE
PAUL FÉVAL
SOIGNEUSEMENT REVUES ET CORRIGÉES

LA
CAVALIÈRE

SOCIÉTÉ GÉNÉRALE DE LIBRAIRIE CATHOLIQUE

PARIS	BRUXELLES
VICTOR PALME	J. ALBANEL
Directeur gén'ral	Directeur de la succursale pour la Belgique et la Hollande
76, rue des Saints-Pères, 76.	29, rue des Paroissiens, 29

GENÈVE. — HENRI TREMBLEY, libraire-éditeur.

1881

LA CAVALIÈRE

I

COMMENT LA REINE D'ANGLETERRE EUT LE MALHEUR D'ÉCLABOUSSER LA GRANDE HÉLÈNE OLIVAT

La chasse au roi subissait un temps d'arrêt. Il se trouvait que Piètre Gadoche avait fait erreur quelque peu dans ses calculs, ce qui arrive, dit-on, aux mathématiciens les plus habiles. Tout ne va pas, en ce monde, sur des roulettes, même les coquineries les mieux montées : Piètre Gadoche avait voulu faire sortir de Paris, où la bataille décisive était impossible, le chevalier de Saint-Georges, et il avait réussi ; mais, cinq jours après la mascarade de chevauchée militaire, sous les ordres du prétendu marquis de Crillon effectuée de l'hôtel de Lauzan à la ville qui fut le berceau de Marguerite de Navarre et de Louis XIV, le chevalier de Saint-Georges était encore à Saint-Germain en-Laye.

Le prétendant était retenu là, non plus par la nécessité, mais par le charme qu'il éprouvait à voir réunies lady Mary Stuart de Rothsay et la reine, sa mère. Longtemps après, à Rome, quand il regardait des hauteurs du Vatican le lointain de sa jeunesse, il déclara bien souvent que cette semaine perdue à Saint-Germain représentait les plus heureux jours de sa vie.

Piètre Gadoche, dans sa sagesse, avait décidé que le dénoûment de la royale tragi-comédie devait avoir lieu à Nonancourt. Peut-être, en cela, se trompait-il encore. Le comte Stair s'impatientait, et les honnêtes velléités du régent avaient produit une sorte de contresurveillance qui protégeait au moins la vie du prince. De sorte que les obstacles se multipliaient : de la part de lord Stair, qui voulait brusquer l'aventure, et de la part de la police française, qui prétendait empêcher tout conflit sanglant.

Pendant cela, Jacques Stuart se délectait à suivre les progrès de la tendre alliance qui se nouait entre Mary et sa mère. La reine douairère raffolait de lady Stuart et ne parlait plus de cette fiancée politique, Marie-Casimire-Clémentine Sobieska, qui vivait en repos aux bords de la Vistule.

Saint-Germain ignorait peut-être le drame caché qui se jouait dans sa forêt. Il y avait des fêtes au château, où, bien entendu, le chevalier de Saint-Georges ne paraissait point, et que, par contre, honoraient plusieurs sommités de la cour et du Palais-Royal. Il y avait des fêtes en ville ; où mein herr Boër avait loué un magnifique hôtel. L'épouse trônait là, dans tout l'éclat de sa rotondité splendide, et mein herr Roboam continuait de noter sur un beau petit registre, en les doublant religieusement, toutes les dépenses qu'il était obligé de faire pour le compte de mylord ambassadeur.

Hélène Olivat, le croiriez-vous ? la grande Hélène s'était attardée tout comme son ennemi Jacques Stuart ; car cette brave fille, sans trop savoir pourquoi et même avant le meurtre de son père, entretenait de vagues répugnances contre le prétendant. Depuis le meurtre, elle attribuait cette aversion naturelle à la puissance des pressentiments. Les serviteurs de Stuart avaient, elle en était sûre désormais, assassiné son père.

Hélène, redevenue riche, avait repris son poids et son aplomb. Tout pliait sous sa volonté autour d'elle comme jadis, et bien mieux que jadis, puisqu'elle n'avait plus, pour contrôler son pouvoir absolu, les rares *veto* de l'autorité paternelle.

Nous la trouvons, arrivant seulement à Saint-

Germain, dans la matinée du sixième jour, elle voyageait dans une carriole à elle, surchargée d'effets de toute sorte, et faisait subir cette longue courbe à sa route, afin de compléter ses achats à la foire d'hiver, célèbre à cinquante lieues à la ronde, qui se tenait aux Tailles-des-Loges dans la première semaine de février.

De là à Nonancourt, il n'y avait du reste qu'une forte étape, et la grande Hélène comptait sur la vigueur de ses chevaux.

Elle avait mis en sa tête de tout apporter avec elle au siége de son nouveau gouvernement, meubles, ménage, harnais, chevaux et jusqu'aux postillons : et dès qu'elle eut installé son monde à l'auberge des Trois-Rois, située sous le château, elle partit gaillardement pour la foire, escortée de Nicaise, son ministre d'Etat. Mariole, les quatre petits et la tante Catherine restaient à l'auberge, avec recommandation expresse, vieux et jeunes, d'être bien sages. Jarnicoton ! la demoiselle ne plaisantait plus, depuis qu'elle avait monté en grade et que M. le régent la payait !

Le cabaret auberge des Trois-Rois, adossé aux douves du château, regardait la principale entrée de la forêt et la route de Poissy. Il était encombré de pratiques, comme tous les cabarets de Saint-Germain pendant la foire. Il avait en outre, depuis le commencement de la semaine, bon nombre de chalands qui n'étaient point là pour la foire : des soudards, des gens de police, et certaines figures de mauvais aspect qui venaient y prendre, en buvant sec, des nouvelles d'un gentilhomme malade, M. le marquis de Romorantin, qui, depuis quatre ou cinq jours, était l'hôte des Trois-Rois.

M. le marquis, joli seigneur, bien doux, qui se louait grandement de l'air de la forêt, avait retenu en entier un pavillon, situé au bout du jardinet. Son médecin, le docteur Saunier, ne le quittait jamais. Nul ne savait la nature de sa maladie, qui le laissait assez calme le jour, mais qui, la nuit, le tenait éveillé et poussant des cris de détresse. Les valets d'écurie disaient l'avoir entendu divaguant la fièvre et parlant des *griffes d'un mort* qui lui entraient dans la chair jusqu'à l'os. Du reste, il avait de belles connaissances ; mein herr Boër était venu le visiter, l'épouse Boër aussi, que tout Saint-Germain connaissait déjà et admirait comme une bête curieuse.

L'affaire de ce détachement interlope, ajoutée tout à coup aux cadres vaillants de Royal-Auvergne-cavalerie, n'avait pas été sans produire quelque bruit. M. le marquis de Crillon, en une seule nuit, avait jeté deux fois son nom aux sentinelles de la porte de la Conférence, et les mêmes sentinelles avaient pu compter, en fin de calcul, trente cavaliers de plus que le régiment n'en contenait ; mais le nom de Cartouche, glissé à propos par ceux qui avaient intérêt à étouffer l'aventure, suffisait amplement à détourner les soupçons. En ce temps-là Cartouche était le mot de toutes les énigmes.

Vers deux heures de l'après-midi, Mariole,

proprette et si jolie, que tous les buveurs se retournèrent pour la regarder, descendit de sa chambre et vint chercher le goûter des petits avec la soupe de la tante Catherine. Il y avait là, dans un coin du cabaret, un grand garçon qui portait le costume de postillon. Le regard de Mariole, qui avait fait vivement le tour de la salle, s'arrêta sur lui ; elle sourit en détournant les yeux.

Le beau postillon se leva de table et paya son écot, après quoi il se rapprocha sans affectation de la porte du fond, par où Mariole était entrée, par où elle devait ressortir.

Elle revint bientôt en effet, portant à deux mains la vaste tasse où était le potage de la tante Catherine, et traversa la salle au milieu d'un feu roulant de compliments. Le beau postillon fronça le sourcil. Sa main toucha son flanc, comme pour y chercher une épée ; mais les postillons ne portent pas l'épée. Mariole lui dit en passant :

— N'allez-vous pas vous faire une querelle ?

Ma sœur ne va pas tarder, guettez-la ; mais évitez les regards de Nicaise, car il n'est pas prévenu, et il parlerait s'il vous reconnaissait.

Le postillon sortit. Mariole continua sa route. En ce moment, deux hommes traversaient le jardinet, revenant du pavillon où demeurait le gentilhomme malade, M. le marquis de Romorantin. L'un de ces hommes boitait. Mariole mettait justement le pied sur la première marche de l'escalier qui menait à la chambre où la tante Catherine attendait. Les deux hommes s'arrêtèrent à la regarder, pendant qu'elle montait sans les voir.

— Maître Salva, dit le boiteux, la fille du bonhomme Olivat ne doit pas être loin, puisque voici sa poupette !

— Et elle doit avoir sous les ongles encore plus de venin que son père, mourant, répliqua le juif portugais avec son rire sinistre. J'enlève ma pratique aux Trois-Rois, ami Rogue, je n'y reviendrai plus.

— Cette femme-là me fait peur, grommela le boiteux.

— Le patron a grand tort de jouer avec elle, je gagerais qu'elle le mordra !

— En route, maître Salva ! Je n'aimerais pas la rencontrer sur mon chemin.

Ils traversèrent le cabaret sans dire gare et s'éloignèrent à grands pas dans la direction de la ville.

L'instant d'après, la porte du pavillon s'ouvrait, et M. le marquis de Romorantin descendait dans le jardin, le bras familièrement appuyé sur celui de mein herr Boër. Il n'avait, en vérité, pas l'air trop défait et parlait d'une bonne voix ; seulement son bras gauche restait caché sous son manteau.

— Comme bien vous pensez, mein herr, disait-il assez gaiement, je ne me fais pas beaucoup de mauvais sang. On travaille selon qu'on est payé.

— Prenez garde ! répliqua le Hollandais, qui

semblait être d'humeur détestable. En attendant, rien ne marche, monsieur Gadoche. Mylord ambassadeur m'a menacé de me casser aux gages, tout uniment !

— C'est peut-être pour m'offrir votre place, mein herr Roboam ?

Le Hollandais fit la grimace.

— Vos exigences augmentent tous les jours, reprit-il, vous avez avec moi des allures...

— L'intérêt de mylord, interrompit Gadoche, prenant un ton sérieux cette fois, serait manifestement de supprimer l'un de nous : nous faisons double emploi, mein herr Boër, et je vous déclare avec franchise que je n'ai pas besoin de vous.

Mein herr Roboam s'arrêta court.

— Et si je vous rendais la pareille ? murmura-t-il.

Gadoche retira son bras pour lui mettre amicalement la main sur l'épaule.

— Mon maître, dit-il, regardez-moi bien entre les deux yeux. Je vous jure sur les cinq cent mille livres que je compte tirer de notre affaire, et qui me sont indispensables pour mon prochain mariage, que si ce pauvre jeune prince est lâchement assassiné à Saint-Germain, vous serez pendu !

Roboam fit un saut en arrière qui le mit à trois pas.

— Pendu, répéta Gadoche, haut et court !

— Et vous, monsieur Gadoche ? balbutia le Hollandais.

— Moi, j'irai vous voir pendre.

Il rappela Boër d'un geste familier, comme on fait pour les enfants battus qui n'osent plus approcher du maître.

— Il y a des choses, reprit-il, que vous ne comprenez pas, vous autres Bataves : des délicatesses, des mièvreries de sentiment. Le Stuart est ici auprès de sa mère. Ma parole, ce serait affreux, et la régence sauterait du coup !... Il y a encore des choses politiques que le gouvernement français n'a pas pris la peine de vous expliquer. Le régent a fait parvenir au chevalier de Saint-Georges une manière d'*ultimatum*. Le chevalier de Saint-Georges est ici sur terrain neutre ; il a encore le droit de tourner à droite ou à gauche : à l'est, où est pour lui le salut ; à l'ouest, où il trouvera Nonancourt.,.

— Nonancourt ! répéta Boër avec impatience. On dirait qu'il n'y a au monde que Nonancourt !

— Mon maître, dit Gadoche, chaque auteur tient à ses œuvres ; c'est une paternité. J'ai composé une comédie qui s'intitule *Nonancourt*. Elle doit me rapporter gros et j'y tiens... Réfléchissez : vous ai-je jamais trompé ? Je vous avais promis de mettre le chevalier de Saint-Georges hors de Paris, il est à Saint-Germain. Est-ce ma faute si de maladroites tentatives, faites en dehors de moi et contre moi, ont effrayé ses partisans, en lui fournissant à lui-même le prétexte de prolonger ces délices de Capoue ? Aujourd'hui je vous promets que dans vingt-quatre heures le chevalier de Saint-Georges sera à Nonancourt... où vous pourrez travailler sans être pendu.

Roboam, perdant patience, tourna le dos et s'éloigna au travers du jardin. Gadoche le suivit, répétant :

— Pendu haut et court, pendu pour tout de bon !

Le Hollandais, quand Gadoche gagna la rue, avait déjà sauté dans son carrosse.

— A l'hôtel ! criait-il à son cocher, et brûle le pavé, maraud !

— Il paraît que vos ordres étaient déjà donnés, dit Gadoche, qui s'assit près de lui. Je souhaite pour vous que vous arriviez à temps pour les contremander.

— Tenez, regardez mon bon Piètre, dit Roboam, qui se découvrit et montra la sueur découlant comme un flot de son front. Combien croyez-vous que mylord ambassadeur doive payer une émotion pareille à un homme de ma sorte ?... Pendu, *mein Gott*, pendu ! moi ! mein herr Boër !

— Mylord vous doit juste dix mille louis, répondit Gadoche sans hésiter, à partager entre nous.

Le carrosse partit au galop.

On entendait encore le bruit de ses roues dans la direction de la ville, quand un autre bruit vint du coude de la route qui tournait, en forêt, vers des Loges.

Un autre carrosse venait de passer là, au galop aussi, enfilant l'avenue où le dégel mettait de larges flaques de boue. Sur le passage du carrosse, on avait pu voir les bonnes gens, paysans et bourgeois, se découvrir en disant : La reine ! La reine !

Au coude du chemin des Loges que le carrosse de la reine venait de tourner une caravane de piétons parut : c'était la grande Hélène d'abord, puis Nicaise, son fatout, puis toute une cohorte de porteurs. La grande Hélène était écarlate de fureur, et il y avait de quoi, car une malheureuse éclaboussure avait couvert sa robe de laine noire, depuis le bas jusqu'en haut. Elle s'était retournée, suivant d'un œil courroucé le carrosse qui n'en savait mais, et l'accompagnant de ses imprécations torrentueuses :

— La reine ! criait-elle, quelle reine est-ce là ? Je ne connais point de reine de France, à l'heure qu'il est ! Et la reine elle-même aurait-elle le droit d'éclabousser une femme établie ?

Les passants riaient et la regardaient. Toute colère qui n'est pas absolument tragique nous fait rire nous autres Français.

— Demoiselle, dit Nicaise, qui suait et soufflait sous son fardeau, calmez-vous, on vous regarde et j'ai honte.

Il portait des pots, des harnais, de la vaisselle, des jambons, des oreillers, du pain d'épice, des souliers, du linge, une horloge et des choux.

— On me regarde ? répliqua la grande Hélène, qui lança son panier sur son épaule d'un geste samaritain, je me moque bien des sots qui me regardent ! Et me calmer ! pense-t-on que quelqu'un ici m'empêchera de me plaindre ? Je veux me plaindre ! les robes coûtent de l'argent, et l'argent est dur à gagner ! La reine me paye-t-elle ma robe ? La reine d'Angleterre ? une reine qui vit par charité chez nous ! Voilà une belle reine !

— Quant à ça, demoiselle, dit Nicaise, toujours conciliant, le fait est qu'elle vous a pas mal éclaboussée, la reine... mais vous n'avez pas voulu vous ranger, aussi !

— Et pourquoi me ranger, imbécile ? La route n'est donc plus à tout le monde maintenant ?

Les badauds riaient, et les porteurs qui

suivaient la grande Hélène se mettaient de la partie.

— Vous, dit-elle, je vous paye ; vous n'avez pas le droit de vous gausser de moi. En route, mauvaise troupe !

Nicaise grommelait :

— Je vas vous dire, demoiselle ; une reine, c'est toujours une reine... et un carrosse...

— Est toujours un carrosse, pas vrai, fatout ? dit Hélène Olivat, qui reprenait vite, comme d'habitude, sa bonne humeur bourrue. Tu as raison comme un innocent que tu es. Mais je n'éclabousse personne, moi, et je ne veux pas qu'on me moleste !... Encore passe, la reine. Elle n'est pas heureuse, à ce qu'on dit, cette pauvre femme là. Mais la caricature aux falbalas, le bœuf gras, le gros paquet de taffetas, de rubans, de coquelicots et de dentelles, qui m'a lancé ma première couche de boue... Allons, porteurs, dormez-vous ? Croyez-vous avoir un pourboire ?... Ce n'est pas une reine, celle-là, hé ?

— Celle-là, c'est différent, murmura Nicaise, succombant presque sous le poids des richesses qu'il portait. C'est ma comtesse de l'autre jour !

— Tu dis ?.,.

— Je dis que c'est l'épouse Boër, demoiselle, la comtesse de je ne sais plus quoi.

Et il ajouta tout bas :

— Qui avait tout de même de joli petit vin blanc, c'est sûr !

— Que je la rencontre à pied, ton épouse Boër, et elle verra de quel bois on se chauffe ! Saperbleure ! il n'y a donc plus de Français en France ! Des Allemands, des Hollandais, des Anglais... Allons fainéants ! voici mon auberge !

Elle fit une bruyante entrée dans la salle commune des *Trois-Rois* et lança son paquet sur la première table venue, où verres et brocs sautèrent.

— A la besogne ! ordonna-t-elle, les filles ! les garçons ! Je sais ce que c'est qu'une hôtellerie, voyez-vous bien ! J'en sors et j'y retourne. Jarnigodiche ! on n'est ni leste ni adroit dans ce pays-ci. Faut-il que je m'en mêle ?

Les servantes accouraient de tous côtés, le maître vint aussi. Hélène s'écria, reprenant ses porteurs en sous-œuvre :

— Remuons-nous, voulez-vous, marmottes ! Tout cela à couvert, et vite ! Le temps menace ; me payerez-vous mes achats, s'il fait de la pluie ?

— Remuons-nous, voulez-vous ! répéta Nicaise, faisant du zèle et se débarrassant petit à petit de son multiple fardeau. Et vite ! marmottes !

Il ajouta paisiblement :

— Tout ça va s'arranger, demoiselle.

— Je le crois bien ! riposta Hélène. Je suis là ! Tout le monde au pas !

— Et bien ! quoi ! se reprit-elle en faisant

face aux chalands qui regardaient sa robe converte de boue. N'avez-vous jamais vu de femme crottée, vous autres ? Celles qui restent à ne rien faire au coin du feu se gardent nettes, hé ? En dehors, c'est possible, mais je les vaux bien dans ma conscience, allez ! La faute est à la reine, voyez-vous, et je ne lui en veux pas, car on dit qu'elle pleure... Buvez votre vin et donnez-moi la paix, paresses !

Elle s'essuya le front d'un revers de manche, à tour de bras.

— Asseyez-vous, madame, dit le maître de l'auberge avec respect.

— Je ne suis pas une dame, et me trouve bien debout.

— Demoiselle, risqua Nicaise, si vous montiez vous changer...

— Mêle-toi de tes affaires, mon gars ! J'irai changer quand tout sera déballé.

— C'est un hérisson que c'te grande-là ! murmura une servante.

— Ma rousse, lui cria Hélène, car la servante se sauvait déjà devant un de ses regards, tu ne ferais pas de vieux os chez moi, toi, sais-tu ?... Tout mon monde va bien là-haut, maître Daniel, les petits, la tante, la fillette ?

L'aubergiste n'en savait rien, mais il répondit oui en un signe de tête souriant.

— Ah !... fit Hélène avec un large soupir, nous en avons taillé, de la besogne !

Et elle s'assit, maintenant qu'on ne l'y invitait plus.

— Faut-il faire descendre la petite demoiselle ? demanda la rousse, qui s'était rapprochée et cherchait à rentrer en grâce.

Car il y avait, malgré tout, quelque chose qui attirait chez cette belle et bonne fille toujours armée en porc-épic.

— Toi, la paix ! répliqua Hélène.

Et Nicaise ajouta en manière d'explication :

— La demoiselle n'aime pas qu'on lui mange dans la main, quoi !

— Assieds-toi là, lui ordonna Hélène. Une tasse de vin chaud à ce garçon, maître Daniel, et une assiettée de soupe pour moi. Il faut bien se remettre le cœur... Tenez, vous autres !

Elle paya libéralement les porteurs et se mit à regarder le monceau d'emplettes entassé devant elle.

— Ah ! demoiselle, dit Nicaise, en avez-vous acheté aujourd'hui !

— Et ce n'est pas tout, non ! Il en faut, il en faut dans ce bureau de poste !

Elle tira de son sein une petite boîte en carton.

— La surprise ! dit Nicaise d'un ton caressant... pour la Poupette ?

— La voilà grande, repartit Hélène. Tu sauras qu'il faut l'appeler à présent Mlle Mariole.

— Oui demoiselle.

— Ce n'est pas pour ici, la surprise. Elle peut attendre...

— C'est pour Nonancourt ?

— La première fois qu'elle se fera belle. bois ton vin et ne bavarde pas tant, garçon !

Nicaise mit son nez dans son verre avec un évident plaisir.

— Gourmand ! dit Hélène, qui remuait son potage. Dis donc, Nicaise ?

— De quoi, demoiselle ?

— La vois-tu, toi, quand je lui donnerai cela, me montrer ses belles dents blanches en souriant de tout son cœur ? La vois-tu ?

— C'est pourtant drôle, demoiselle : il me semble que je la vois pendant que vous parlez.

— L'entends-tu me dire avec sa petite voix si douce : Sœur chérie, tu as pensé à moi, merci !

— Bonne foi ! c'est que je l'entends, demoiselle !... avec sa petite voix si douce.

— Elle devient tous les jours plus jolie, hé ?

— Ah ! mais... tous les jours !

Hélène le regarda en face ; on eût dit qu'elle ne l'avait jamais vu. Nicaise, décontenancé, rougit jusqu'aux oreilles et se cacha derrière son verre de vin chaud.

— Ah ! fit Hélène avec surprise, tu trouves qu'elle devient tous les jours plus jolie ? Tu t'y connais donc, toi, Nicaise !

Nicaise fut flatté.

— Dame, demoiselle, répondit-il avec un orgueil modeste, un tantinet tout de même, qu'on s'y connaît, quoiqu'on n'en ait pas l'air.

La grande Hélène repoussa son assiette d'un geste brusque, et fourra « la surprise » de Mariole au plus profond de ses poches. Un nuage tempêtueux menaçait sur son front. Elle jeta, à la ronde, un regard sur les tables qui l'entouraient :

— Vous n'avez donc rien à vous causer, entre vous, patauds ! s'écria-t-elle, que vous m'écoutez la bouche ouverte comme si j'étais le tambour de ville clamant les objets perdus?

Nicaise pensait dans le triomphe de son cœur :

— Ça a l'air de la molester que je trouve la Poupette bien gentille... Ah! si j'osais lui dire combien de poupettes je donnerais pour le quart de son petit doigt!

II

COMMENT UN BEAU POSTILLON FUT ENGAGÉ

PAR LA GRANDE HÉLÈNE.

Les chalands des Trois-Rois connaissaient déjà la demoiselle Olivat et ne lui répliquèrent point. Elle reprit en se tournant vers Nicaise.

— Garçon, tu sauras que la gentillesse ne sert de rien dans un ménage.

— Quoique les agréments personnels ça ne nuit pas non plus, demoiselle, murmura le Fatout d'un ton flatteur.

Hélène, pensive, continuait de vider ses poches.

— Les graines pour le jardin, dit-elle.

— Les fleurs que vous aimiez dans notre Lorraine, dit Nicaise attendri. Les fleurs, ça pousse partout, demoiselle.

— Et ça ne trahit pas, garçon ! prononça tout bas Hélène.

Nicaise pensa :

— La voilà qui pense encore à M. Ledoux ! Je l'haïs, cet homme-là ! Si je pouvais seulement la consoler de lui ! Et n'y aurait qu'à lui dire mon fait hardiment... Mais je n'ose point ! Je suis si bête !

— Un pantin, poursuivit Hélène, fouillant à pleines mains dans ses poches, un mirliton, un flageolet. Pour le coup, ils vont s'en donner, les méchants petits drôles ! Et gare à mes oreilles !

— Etes-vous assez bonne, au moins, demoiselle ! murmura Nicaise, qui avait presque la larme à l'œil. Etes-vous assez bonne !

Hélène le regarda de travers.

— Crois ça et bois de l'eau, toi ! répliqua-t-elle.

— Moi, je vous dis, insista le Fatoût, que vous êtes la meilleure des meilleures !

Elle haussa les épaules avec un souverain mépris.

— Innocent, va ! dit-elle. Tu ne vois donc pas que tout ça, c'est pour moi, rien que pour moi !

— Comment, demoiselle ! Pour vous, vrai ! Vous allez vous amuser avec le pantin, souffler dans le mirliton, et jouer du flageolet ? Trébigre ! Et voilà encore un poupard ! et des billes ! et un lapin qui roule en battant du tambour ! Ah ! dame, ah ! dame, vous n'allez point vous ennuyer désormais, demoiselle, si vous jouez avec tout ça !

Hélène se mit à rire de bon cœur.

— Va, mon pauvre Nicaise, dit-elle. Au fond, je ne m'occupe jamais des autres. Qu'est-ce

que ça me fait ? Le pauvre père le disait bien :
Charité bien ordonnée commence par soi-même.
Appelez-moi égoïste, je m'en moque ! Comprends donc bien une fois en ta vie, oui, c'est
pour moi, rien que pour moi, la surprise de
Mariole, le tambour, le flageolet, le pain d'épice que je ne peux pas souffrir, et jusqu'au
tabac...

— Vous n'en usez pas, demoiselle !

— Suis-moi bien. C'est pour les voir tourner autour de moi, quand je vas monter
tout à l'heure : Mariole sournoise et toute
rouge de curiosité. Ah ! elle sait toujours
d'avance qu'il y a quelque chose ! La tante
Catherine branlant la tête et ouvrant ses yeux
avides qui disent : A-t-on pensé à moi ? Les
enfants inquiets, pressés, gourmands comme
des petits loups, s'embarrassant dans vos jambes, flairant, tâtant vos poches, pour deviner
plus vite par la forme ou par l'odeur ce que
vous apportez. C'est le monde en raccourci,

vois-tu mon pauvre Nicaise ! Enfants, jeunes gens, vieillards ne vous font fête que dans l'espoir d'avoir leurs étrennes ! Est-ce vrai ?

— Moi, je ne sais pas, demoiselle, répondit le fatout simplement ; on ne m'a jamais rien donné.

— C'est juste, ça, dit Hélène adoucie.

— Et puis, reprit Nicaise en riant, dame ! écoutez donc, chacun sait ça, les petits cadeaux entretiennent l'amitié.

— Tais-toi, ordonna Hélène avec rudesse.

Il obéit, gardant son rire à ses lèvres, un rire pétrifié.

— Ne ris pas ! continua-t-elle.

— V'là que je ne ris plus !

— Je te défends d'être gai, nigaud ! C'est triste, entends-tu ? ça me navre le cœur ! C'est pour ça que je suis en défiance contre tout le monde ! C'est pour ça que je ne pense qu'à moi, comme tout le monde ! C'est pour ça que je n'aime personne !

— Oh ! demoiselle !... personne !

— Personne ! répéta Hélène si résolûment que le pauvre fatout recula son escabelle.

Ensuite, il se leva, disant :

— Je vas charger les provisions, demoiselle.

Hélène le laissa faire un pas ou deux, puis elle dit :

— Non, reste !

Nicaise revint aussitôt.

— Assieds-toi ! commanda Hélène.

— Je n'aime personne, reprit-elle, excepté moi. Ah ! ah ! je m'aime bien, par exemple !

— Et vous avez raison, demoiselle !

— Mais oui, garçon, mais oui ! J'ai raison de m'aimer ! C'est si naturel ! Voilà qu'on est bien ici maintenant pour causer, tiens ! Tous ces bavards et ces curieux sont allés à leurs affaires. Nous sommes comme chez nous, ma parole !

— Approchant comme chez nous, approuva Nicaise, qui jeta un regard aux tables du cabaret, maintenant solitaires.

— Causons donc et causons de moi...

— Ah! quant à ça, je veux bien, demoiselle! s'écria le fatout.

Hélène continua :

— Tu n'es pas un méchant garçon, non! mais tu n'as point beaucoup d'esprit... Qu'est-ce que tu as à soupirer comme un soufflet de forge, dis?

— Rien, demoiselle.

— Avance ici... plus près. Ton escabelle a-t elle les pieds en terre ? Avance donc! J'ai une idée et je veux te demander conseil.

— A moi, demoiselle ?

— Mais oui, à toi, nigaud, c'est mon idée. Ne te tiens donc pas sur le petit coin de ton escabeau, hein! Campe-toi comme un homme, une fois en ta vie, et regarde-moi dans le blanc des yeux ! as-tu peur de me trop bien voir ? Et penses-tu que tu ne vailles pas ceux qui sont plus orgueilleux que toi ?

— Merci bien tout de même de vos honnêtetés, demoiselle, balbutia Nicaise, qui étouffait.

— Je veux te demander conseil, moi ! poursuivit la terrible Hélène. Qui peut m'en empêcher ? Tu as du bon sens, tu as de la bonne foi, c'est rare par le temps qui court. Ecoute-moi bien. Je pense à moi quand on croit que je m'occupe des autres. Je vivrai vieille, moi, vois-tu, très-vieille, j'en suis sûre comme si j'y étais déjà !

— Que Dieu le veuille, demoiselle Hélène! dit le bon fatout du fin fond de son âme.

Elle avait les deux coudes sur la table, et son robuste corsage semblait certifier l'authenticité de son calcul.

— Dieu le voudra, affirma-t-elle. Chez moi, comme on dit, la lame n'use pas le fourreau. Je ne me fais pas de mauvais sang, da ! rapport au tiers et au quart. Chacun pour soi, pas vrai? Je mange bien, je dors bien, pourquoi? C'est bête à dire et j'ai l'air de radoter, toujours la même chose, mais ça saute aux yeux : parce que je ne pense qu'à moi, garçon, le matin, à midi et le soir !.

— Se vante-t-elle assez ! songeait Nicaise. C'est qu'elle le croit, oui !

— Ça me fait grand'pitié, mon gars, quand je vois celui-ci ou celle-là se rompre la tête à s'occuper des autres. Faut-il être innocent !

— Ah ! ma foi, oui, faut l'être ! approuva le lâche fatout.

— Faut-il être aveugle, bouché, estropié de raison !

— Faut être gauche, quoi ! déclara Nicaise. V'là l'avis que j'ai !

— Et tu juges bien, bonhomme ! Mon pauvre père disait : Après moi la fin du monde...

— Et ça n'a pas manqué ! acheva Nicaise dans sa rage d'approuver.

Hélène fixa sur lui ses yeux inquiets. S'il avait souri par malheur, elle l'eût battu. Mais Nicaise n'avait garde ; il suait sang et eau, écrasé sous le poids de l'honneur qu'on lui faisait.

— Nous disons donc, reprit Hélène, avec une pointe de défiance, que je vivrai vieille comme les rues. Tu n'y peux rien, ni moi non plus : c'est entendu.

— Oui, demoiselle.

— En conséquence, quand je vas me choisir un homme...

— Hein, demoiselle ? dit Nicaise en sautant sur son escabeau.

— Qu'est-ce qui te prend ?

— Rien... c'est-à-dire... l'idée que vous songez à vous remarier comme ça... tout d'un coup...

— Jarnicoton s'écria la grande Hélène, me remarier ! Les demoiselles ne se remarient pas, Nicaise, elles se marient. Tu me crois peut-être la veuve de M. Ledoux, qui n'est pas mort et que je n'ai pas épousé...

— Peut-être bien, demoiselle.

— Ne m'interromps plus, damné bavard !

— Non, demoiselle, promit Nicaise d'une voix altérée ; je ne vous interromprai plus.

— Où en étais-je ? Ah ! m'y voilà ! Je disais que je voulais me choisir un tout jeune mari, da ! et bien portant ! pourquoi ? Parce que je pense à part moi, toute seule : Eh ! ma fille, si tu prends un homme plus âgé que toi ou seulement de ton âge, méfiance ! Quand tu approcheras de la soixantaine, qu'est-ce que tu auras autour de toi à la maison ? Un vieux podagre qu'il faudra soigner le jour et la nuit... Vas-tu parler, Gribouille !

— Demoiselle, je me disais en dedans, pour pas vous interrompre, répliqua Nicaise humblement : V'là ce que c'est que d'avoir de la jugeotte et de l'esprit !

— Tu n'es pas si simple que tu en as l'air, garçon ! Tandis qu'au contraire, c'est moi qui entends être soignée, choyée, dorlotée.

— Bigre de bigre ! s'écria le fatout ; vous avez raison !

Il se pinça la jambe jusqu'au sang, sous la table, pour modérer lui-même ce transport.

— Qu'est-ce que ça veut dire, ça: bigre de bigre? demanda la grande Hélène en fronçant le sourcil.

— Demoiselle, répondit Nicaise, ça veut dire que vous parlez bien, de tout en tout, comme à l'ordinaire.

— A la bonne heure... Pas vrai, qu'elle n'est pas maladroite, mon idée?

— Je ne dis que ça, demoiselle : c'est une fameuse idée !

Il baissa les yeux. Les larmes lui venaient. A son tour, Hélène rapprocha son siége.

— Dis donc, Nicaise, reprit-elle confidentiellement.

Le sang se mit à courir dans les veines du bon fatout.

— De quoi, demoiselle? murmura-t-il bien bas.

— Viens ça. Voici les gens qui reviennent et

c'est des grands secrets. Il ne faut pas qu'on entende. Je vas avoir besoin de postillons, hé ?

— C'est sûr, demoiselle, étant la maîtresse de la maison de poste.

— As-tu vu ce beau postillon, qui était là près de la porte quand nous sommes arrivés de la foire ?

— Non, dit Nicaise; c'est-à-dire...

Il s'interrompit, la bouche béante et les yeux écarquillés, comme s'il eût été en face de la tête de Méduse. L'expression de sa physionomie était si violemment altérée, qu'Hélène se retourna avec vivacité, pour voir derrière elle ce qui produisait dans les traits du fatout ce changement si remarquable.

Elle n'aperçut rien. Il n'y avait rien, en effet, que la porte du fond ouverte, au delà de laquelle on voyait, d'un côté, le pied de l'escalier qui montait aux chambres de l'auberge, de l'autre, un bout du jardinet. Mais, s'il n'y avait rien au moment où Hélène se retourna, il y avait eu quelque chose.

Une vision qui avait passé, rapide comme l'éclair, mais dont le reflet restait encore sur la joue pâlie du fatout.

A l'instant où Hélène parlait de ce beau postillon qu'elle avait remarqué en revenant de la foire, Nicaise avait reconnu avec stupéfaction, encadrée dans la porte du fond, la gaillarde et belle figure de M. Raoul, le braconnier des coupes de Béhonne. Et M. Raoul était costumé des pieds à la tête en postillon !

Et cela lui seyait si bien qu'on eût dit en vérité que, de sa vie, il n'avait porté d'autre costume.

Un cri allait s'échapper de la poitrine du fatout, lorsqu'une autre figure s'était montrée derrière l'épaule de Raoul : le frais et pur sourire de Mariole.

La Poupette n'avait envoyé à Nicaise qu'un regard, mais quel regard ! Quand elle voulait, celle-là, elle vous avait des yeux à clouer les lèvres d'un avocat! Elle avait collé son doigt sur sa bouche, et les deux visions avaient disparu.

Voilà pourquoi la grande Hélène n'avait rien vu, et pourquoi Nicaise demeurait comme pétrifié. Malgré tout, ce dernier n'avait pu s'empêcher de prononcer le nom de Mariole, Hélène lui demanda :

— Est-ce à propos du beau postillon que tu me parles de Mariole ?

— Oh ! non fait, demoiselle, répliqua précipitamment le fatout. Par exemple !

— Tant mieux !... mais te voilà bien ému, garçon ?

— Il m'a passé comme ça quelque chose. C'est fini.

— Alors revenons à moi : c'est ce qui m'intéresse, da ! Chacun a son caractère : je suis égoïste, on ne se refait pas. Je ne le connais pas autrement, moi, ce postillon, seulement, quand on a une bonne idée, tout s'y tourne. J'ai besoin de postillons ; l'âge, la tournure et la figure de celui là me vont, comprends-tu ?

— Ah ! oui, répliqua Nicaise, je comprends assez, demoiselle.

— Et te voilà tout triste !

— Moi, triste ?... commença-t-il en essayant de rire.

— Dieu me pardonne ! s'écria Hélène, tu as la larme à l'œil !

— Ah ! demoiselle ! dit Nicaise, qui mit ses poings dans ses yeux. Si vous saviez...

Elle l'interrompit doucement.

— Là, là, mon gars, dit-elle avec bonne humeur, ce n'est pas bien difficile à deviner. Vous avez grandi ensemble. Elle est bonne et jolie, tu n'es pas trop mal et tu es bon. Je ne suis pas née d'hier, sais-tu ! Et tout à l'heure encore tu me disais toi-même que Mariole était à ton goût.

— Ai-je dit ça ? se récria Nicaise épouvanté.

— Il n'y a pas de quoi pendre un homme, mon gars ! Ma Poupette aura l'âge de se marier un jour ou l'autre, ah ! tu croyais qu'on m'en passait, finaud ? Et pas plus tard qu'à l'instant, tu prononçais le nom de Mariole en parlant tout seul.

— Ah ! demoiselle ! demoiselle ! gémit Nicaise avec une désolation profonde, je n'ai pas mérité ça de votre part. Si vous saviez !...

— Eh bien quoi ? à la fin ! s'écria Hélène en colère. Si je savais... Ne peux-tu parler la bouche ouverte, grand innocent ? as-tu quelque chose sur la conscience ?

— Si vous saviez... répéta Nicaise, oppressé par un sanglot.

Il se donna au revers de la figure le meilleur coup de poing qu'il eût encore reçu de lui-même.

— Demoiselle, dit-il en se levant, je ne suis bon qu'à faire le gros ouvrage. Je vas charger la carriole toute prête pour demain matin... V'là qu'on allume et tout le monde vous regarde, sauf respect, comme une curiosité, rapport à la crotte que vous avez de bout en bout.

Hélène se leva à son tour, rouge de honte.

— Ne pouvais-tu me le dire plus vite ? gronda-t-elle. Dieu merci on a des hardes de rechange, et tous ceux qui sont ici n'en peuvent pas dire autant. Rangez-vous que je passe, vous autres : c'est de belle et bonne étoffe qui est sous la crotte, oui, tout laine ! Et qui a coûté quatre livres dix sous l'aune !

Hélène traversa la salle, la tête haute, et monta fièrement l'escalier.

Nicaise la suivait de loin, approuvant comme toujours et disant :

— Oui, oui, qu'elle a du rechange, la demoiselle ! Et qu'il y en a plus d'un qui voudrait être calé comme elle !

Mais il avait la tête bien basse et le cœur bien gros.

Au moment où Hélène disparaissait dans les ténèbres de l'escalier, Nicaise se sentit saisir par le bras. C'était Mariole. Il lui dit avec rancune et colère :

— Vous, laissez-moi, la Poupette ! je ne veux point parler avec vous !

— Il le faut pourtant, répondit Mariole de ce petit ton décidé qu'il lui avait vu une seule fois, le soir où elle l'avait envoyé malgré lui, par la neige et par la nuit noire, au rendez-vous de chasse de la Croix-Aubert.

Nicaise essaya de se dégager, mais elle le retint d'une main ferme. Ils étaient tous deux dans le petit carré qui séparait l'escalier du jardin. La nuit se faisait vite au dehors.

— Vous l'avez reconnu ? dit Mariole à voix basse.

— Oui, oui, murmura le fatout. Je ne l'ai que trop reconnu !

— Sur mon salut, je réponds de son innocence ! prononça gravement Mariole. Tu sais ce que je veux dire : la nuit où M. Olivat est mort on l'a soupçonné.

3*

— La Poupette, répliqua Nicaise, tout cela ne me regarde point.

— Tu n'as pas parlé, n'est-ce pas, fatout ? demanda-t-elle en plongeant son regard dans ses yeux. Tu n'as rien dit sur lui à ma sœur Hélène ?

— Non, je n'ai pas parlé... quoique je l'aurais dû peut-être.

— Tu as bien fait, dit la fillette.

Il y avait dans ces mots comme une menace.

— Est-ce que vous voulez me faire peur ?... commença Nicaise qui n'était pas d'humeur endurante, ce soir.

— Non, dit-elle ; mais il y a des choses que tu ne comprends pas, mon bon Nicaise, et tu pourrais être la cause d'un grand malheur !

— Bien, la Poupette, bien ! Je me suis tu, je me tairai. A vous revoir !

Elle le retint encore.

— Ce n'est pas assez de te taire, il faut agir.

— Oh ! oh ! vous en demandez trop, aussi !

— Je veux que ma sœur Hélène l'ait pour postillon à Nonancourt.

— Lui ! chez nous ! s'écria Nicaise. Ah ! par exemple...

— Je le veux ! déclara Mariole.

— Et bien ! Moi, je ne le veux pas, la Poupette !

Hélène ne lui aurait point reproché, cette fois, de ne pas parler la bouche ouverte. Il se souvenait. La demoiselle en avait trop dit. Outre les raisons qui avaient leur source dans le passé, Nicaise puisait dans le présent des motifs de répugnance invincible. Mariole pourtant répéta :

— J'ai dit : je le veux !

Le fatout baissa ses pauvres paupières mouillées.

— Elle vous aime tant, la Poupette ! murmura-t-il. Je sais bien que vous pourriez la retourner contre moi.

— Et je le ferais ! prononça résolument la fillette.

— Ce serait d'un méchant cœur !

— Je le ferais !

Nicaise se prit la tête à deux mains.

— Mais, dit-il avec détresse, c'est mettre le couteau sous la gorge au monde, la Poupette. Si la demoiselle le reconnaissait...

— Ma sœur ne l'a jamais vu.

— C'est vrai, pensa le fatout ; la dernière fois qu'il vint au Lion-d'Or, il me demanda, à moi justement, comment elle était faite.

— Mais... voulut-il objecter pourtant, mais...

— Point de mais ! Il s'agit d'empêcher un mortel malheur. Si tu refuses, c'est moi qui te le dis, ma grande sœur ne t'écoutera jamais !

Nicaise joignit les mains pour demander :

— Et si je fais comme vous voulez, la Poupette ?

— Je serai ton amie, répondit Mariole, et je te servirai, parce que je te crois bon.

— Eh bien... reprit Nicaise, qui hésitait encore, nous verrons, petioté... plus tard, demain.

— Non, pas demain; ce soir.

— Sitôt ?

— Tout de suite... il est là.

— Vous laisserez toujours bien à la demoiselle le temps de se changer peut-être ! Quand j'aurai chargé les marchandises...

— Tu chargeras après... et ma sœur Hélène n'est jamais longue à sa toilette.

Elle se tourna vers le jardin.

— Pstt ! fit-elle. Postillon !

Raoul parut aussitôt.

— Tu vas le prendre par la main, dit Mariole au fatout ; tu vas monter avec lui, tu vas le présenter toi-même à ma sœur Hélène.

Nicaise ferma ses deux poings. Il avait évidemment le plus sincère désir de les planter tous deux dans les yeux du beau postillon, mais Mariole ajouta :

— Songe à ce que je t'ai promis. Entre nous c'est la paix ou la guerre !

Nicaise choisit la paix et monta, bien à contre-cœur, en tenant son prétendu rival par la main. La grande Hélène avait passé déjà son autre robe.

— Tiens ! tiens ! s'écria-t-elle en voyant Raoul, le voilà déjà ! et c'est toi qui me l'amènes, fatout ! Quand je te le disais, tu es un précieux garçon !

Nicaise reçut ce compliment en plein cœur, comme la plus cruelle de toutes les moqueries.

— Va chercher du vin pour ce jeune homme, ajouta Hélène. Dans mon pays, on arrose les marchés.

Les coups de poing qu'il n'avait pas osé distribuer a Raoul, Nicaise se les prodigua en descendant l'escalier.

— Et pourtant, se disait-il avec désespoir, tu vaux quelque chose, puisque la demoiselle elle même l'a dit. T'aurais dû lui parler, mais t'es trop bête !

Quand il rentra, portant le vin, la grande Hélène disait en tapant familièrement sur l'épaule de Raoul :

— Jarnicoton ! vous êtes un jeune homme de bonne mine, et je crois qu'entre nous l'affaire est dans le sac.

III

COMMENT LE CHEVALIER DE SAINT-GEORGES FUT ATTAQUÉ DE NUIT DANS LA FORÊT DE SAINT-GERMAIN.

L'histoire parle sévèrement de certains hauts personnages de la cour du régent, à propos des deux tentatives de meurtre qui eurent lieu sur la personne du prétendant Jacques Stuart, pendant son voyage de Paris à la mer. A propos du même fait, l'histoire est plus explicite encore à l'endroit du comte Stair, ambassadeur de George Ier.

Sans avoir en aucune façon la velléité d'introduire dans ce récit des considérations politiques, nous avouerons qu'à part Philippe d'Orléans, défendu par son caractère chancelant et peu sûr, il est vrai, mais notoirement ennemi de toute violence, il est bien difficile de délivrer un bill d'indemnité aux divers complices de ce lâche attentat.

Piètre Gadoche, dans le jardin des Trois-Rois, n'en avait pas moins dit la vérité vraie au Hollandais Roboam Boër. En ces sortes d'entreprises, les outils humain qu'on emploie courent invariablement risque de leur cou, dès que l'honnêteté de tous élève la voix.

Parce que les gens qui ont été la tête du complot n'ont garde de négliger ce moyen sûr et facile d'apaiser le premier cri du courroux public, ce moyen qui consiste à livrer quelques subalternes à la main du bourreau. Depuis le commencement du monde, les choses se passent ainsi. Les grands coupables passent fièrement au-dessus du flot qui submerge les goujats de l'armée du crime.

Malgré ses vaisseaux, ses comptoirs et ses millions, mein herr Boër n'était qu'un goujat en comparaison des puissants intérêts qui le payaient. Il devait être pendu haut et court, selon la propre expression de Piètre Gadoche.

Piètre Gadoche, goujat par rapport à mein herr Boër, ne pesait pas ici l'once pour livre, et se sentait parfaitement la corde au cou.

Les autres, tels que l'Anglais Rogue, Salva, etc., goujats par rapport à Piètre lui-même, étaient tout naturellement gibier promis à la potence. Ils ne risquaient rien, en ce sens qu'un crime de plus ou de moins n'ajoutait rien à leur bilan, rayés qu'ils étaient déjà de la liste civique et faisant depuis des années banqueroute à l'échafaud.

Or Piètre Gadoche était un maître ès-arts coquins, et il avait plus d'une raison pour éloigner de Paris le dénoûment de l'aventure. Si un autre bureau de poste, plus éloigné que Nonancourt, se fût trouvé vacant, Piètre Gadoche eût reculé plus loin encore sa dernière et mortelle mise en scène.

Mais, en définitive, Nonancourt suffisait, à la condition d'avoir des bons relais jusqu'à la mer et de passer vitement le détroit : ce que Piètre Gadoche comptait faire, avec un demi-million dans sa valise.

Il y avait bien huit jours qu'il ne s'était marié, ce féroce disciple de Barbe Bleue et d'Henri VIII, cet effronté précurseur des apôtres du divorce, et il rêvait déjà avec plaisir, dans un avenir prochain, les cierges allumés d'un autre hyménée. Au contraire, maître Roboam Boër, coquin commercial, qui avait vendu la vie d'un fils de roi comme il eût traité d'une marchandise, ne voyait pas plus loin que le bout de sa convoitise. Il n'avait jamais, jusqu'alors nous l'affirmons, songé à cette possibilité d'être pendu, lui, si riche et si rangé !

Il revint à son hôtel, au grand galop, aussitôt que Gadoche lui eut fait entrevoir ce côté scandaleux de la question : la potence, et envoya contre-ordres sur contre-ordres dans toutes les directions : Ce qui prouvait bien qu'il avait donné des ordres. Ses cavaliers, cette après-dînée, sillonnèrent en tous sens la forêt de Saint-Germain et envoyèrent au cabaret toute une nuée de sombres chasseurs qui, depuis le matin, grelottaient à l'affût. En oublia-t-on quelques-uns ?...

Il était environ cinq heures du soir. Le soleil abaissait son disque rouge derrière les futaies de chênes qui descendaient vers Poissy. Le ciel, dégagé vers le couchant, se couvrait ailleurs de grands nuages que le vent du midi poussait, apportant le dégel. Il faisait déjà brun sous les arbres.

A une demi-lieue de Poissy, dans la direction de ce beau château de Maisons, chef-d'œuvre de Mansard, un logis de venéur s'élevait au milieu d'une coupe de quinze ans, dont les rejetons étaient devenus des arbres. D'aucune part, en longeant les percées, on ne pouvait apercevoir cette loge, tout auprès de laquelle cependant charettes et carrosses avaient accès par un chemin tournant.

C'était de là que venait la reine d'Angleterre, quand elle avait si cruellement éclaboussé la grande Hélène à la porte de Saint-Germain ; Raoul y était venu aussi avant de revêtir son costume de postillon pour aller aux Trois-Rois. La Cavalière y avait déjeuné dans la matinée, et d'autres encore, de sorte que, malgré sa situation isolée, la loge ne pouvait point passer pour un ermitage.

En apparence, elle était la demeure du vieux baron Douglas, qui satisfaisait là, de plain-pied, sa passion pour la chasse ; en réalité elle servait de cachette au chevalier de Saint-Georges, confié à la garde spéciale des deux jeunes messieurs de Coëtlogon. La maison ne pouvait contenir qu'un nombre très-restreint d'habitants. Chaque nuit, le vieux Douglas, profitant de l'ombre, montait à cheval et venait coucher au château de Saint-Germain.

Ce soir, le vieux Douglas eut fantaisie de s'en aller de meilleure heure. Il avait reçu dans la journée un message d'Ecosse et voulait conférer avec la reine-mère. Les nuages gardaient encore leurs teintes écarlates au couchant, quand les premiers pas de son cheval se noyèrent dans les flaques d'eau de la route tournante.

Dans les pièces de théâtre, tous les personnages, jeunes ou vieux, vont radotant leurs secrets au public dans de longs monologues. La vie réelle est autrement faite. Parler tout seul y est habitude de vieillards, mais l'âge du baron Douglas lui donnait droit au monologue.

—Rien n'est préparé, se disait-il en gagnant la percée qui allait en droite ligne à Saint-Germain. Gens de la Basse Terre et gens du Haut Pays commencent à se chamailler là-bas, et le roi George n'a besoin que de les laisser ensemble pour voir la fin de tout ceci ! Pauvres jambes-nues ! pauvres jambes-nues ! Grands cœurs, folles cervelles ! L'Anglais, moins brave, mais plus froid, vous lance les uns contre les autres comme des taureaux qui ont vu rouge ! Dans l'avenir, l'Anglais fera de vous son armée, de vous et de l'Irlande, et mangera son rosbif en paix, pendant que vous mourrez pour lui : deux vaillants peuples chargés ainsi de défendre et de garder le cauchemar qui les écrase !... Ils savent nos affaires là-bas. Mar m'écrit que, sans le régent, Jacques Stuart aurait été vingt fois assassiné. Il me demande ce qu'est Jacques Stuart. Dieu me protége ! C'est un loyal et doux jeune homme. J'engagerais ma vie qu'il tiendra noblement une épée et saura mourir comme le fils de son père doit tomber. Mais le sceptre est plus lourd à porter qu'une épée...

Il poussa un large soupir, et son regard, par habitude, interrogea les fourrés environnants.

D'ordinaire, il ne faisait guère cette route sans reconnaître, par la vue ou par l'ouïe, la présence de nombreux rôdeurs sous bois. Mein herr Boër dépensait rondement l'argent de mylord ambassadeur et faisait battre la forêt depuis le soir jusqu'au matin. Aujourd'hui Douglas ne voyait, n'entendait personne, parce que le contre-ordre de Roboam Boër avait déjà sillonné la forêt.

— Ont-ils trouvé la vraie piste ? se demanda-t-il. Stuart est-il menacé chez lui !

Et il eut l'idée de retourner sur ses pas pour donner au moins sa vie au roi, en cas de danger. Mais, loin de s'arrêter, il poussa son cheval.

— A cette heure, pensa-t-il, le roi a Drayton, les deux jeunes gens et M. de Chateaubriand-Bretagne. Celui-là vaut tous les autres à lui seul. Bonne tête ! cœur de lion ! S'il était permis de choisir son fils comme on choisit sa femme, Raoul serait l'héritier de Douglas.

Il en dit long encore, parce que la route était longue. Au bout d'une heure, il passa enfin le seuil du château de Saint-Germain avec l'intention bien arrêtée de sommer la reine d'en appeler à son autorité de mère pour obliger son fils à retourner en Lorraine.

Une seule fois, pendant le chemin, il avait cru entendre au loin des pas de chevaux sous les futaies. Il ne s'était point trompé. Une petite troupe de cavaliers, parmi lesquels étaient nos anciennes connaissances, Rogue le boiteux et Salva le juif portugais, galopait vers le nord-ouest en suivant les sentiers de chasse.

Ils étaient en retard, pour être restés trop longtemps au cabaret à boire l'argent de mein herr Boër. Ils regagnaient les heures perdues, ignorant qu'avant le coucher du soleil le sentier où ils galopaient avait été battu par les courriers du Hollandais portant ordre de s'abstenir.

Dans le logis du veneur cependant, le chevalier de Saint-Georges venait d'achever son goûter en compagnie des deux messieurs de Coëtlogon et de Drayton. Outre ceux-ci, qui étaient de la table du roi, il y avait quatre hommes bien armés à l'office, sous le commandement de Bouchart, le maître des écuries.

Celui-ci quittait peu la loge, obéissant strictement à l'ordre qu'il avait reçu de tenir jour et nuit deux chevaux sellés et bridés.

Le chevalier de Saint-Georges jouait volontiers à ce jeu, sorte de tric-trac abrégé que les Anglais appellent *backgammon* et auquel les deux derniers Stuarts, Charles et Jacques, étaient d'une force remarquable. Il proposa une partie ; René se mit à ses ordres. Yves, quoique sa blessure fût en bonne voie de guérison, portait toujours le bras en écharpe. Drayton sortit pour la ronde du soir. Le roi et Coëtlogon restèrent seuls dans la chambre à coucher, qui servait aussi de salon, car le rez-de-chaussée de la maison n'avait que quatre pièces, et l'étage supérieur ne contenait qu'un vaste dortoir de chasse entouré de lits de camp.

C'était une de ces rares soirées d'hiver où la température lâche et molle tient le corps en inquiétude et dispose mal l'esprit. Le vent soufflait du sud, fort mais chaud, et rabattait en grises rafales la fumée du foyer. Ces jours-là, le feu est incommode, donnant trop de chaleur, et, quand on l'éteint, l'humidité apporte le froid.

Pour la première fois, depuis son départ de Paris, le chevalier de Saint-Georges était triste et s'ennuyait. Les deux Coëtlogon étaient plus tristes que lui.

Nous ne savons comment expliquer cela : entre ces hommes dont deux étaient prêts, du matin au soir, à sacrifier pour l'autre tout leur sang jusqu'à la dernière goutte, il n'y avait point de sympathie.

Le roi les traitait froidement, quoiqu'il ignorât la folie de leur secret. Et eux ils étaient jaloux du religieux dévouement que le roi inspirait à lady Mary Stuart.

Ils se déplaisaient avec le roi, pour employer la locution commune, et le roi, plein d'estime pour leurs chevaleresques caractères, aurait choisi, s'il l'avait pu, d'autres compagnons, pour amuser les heures de sa solitude.

Ils n'avaient rien à se dire, peut-être parce que le même objet occupait leurs pensées. Entre eux, la partie fut silencieuse et languissante.

Le rêve de Jacques Stuart voyageait bien au-delà de ces étroites murailles. Il n'allait pas jusqu'en Ecosse pourtant, chercher les vastes bruyères où le sort marquerait bientôt le champ de la bataille décisive. Son rêve s'arrêtait au château de Saint-Germain; son rêve s'asseyait entre la reine et lady Mary Stuart de Rothsay.

Qui occupait cette place, en son absence ? et

que faisait-elle, Mary, pendant ces longues soirées où jamais il ne lui était donné de la voir ?

Le chevalier de Saint-Georges était un fils pieux, un fiancé délicat. Pourtant la pensée de sa mère s'évanouit bien vite, et le rêve lui montra les brillants seigneurs empressés autour de Mary. Il remuait son cornet, il annonçait, il marquait, d'un geste fatigué, d'une voix ennuyée. Yves regardait les dessins d'un livre d'heures, auprès du foyer, et ne rêvait pas moins.

Je ne sais comment cela se fit, car le prétendant était la courtoisie même, mais vers la fin de la partie, il bâilla bel et bien. René se leva aussitôt. Le chevalier de Saint-Georges rougit et dit :

— Monsieur de Coëtlogon, je vous prie de me pardonner.

— Pas n'est besoin, sire, répondit René en souriant, car il faisait lui-même, pour étouffer un spasme du même genre, des efforts qui ne furent pas entièrement couronnés de succès. Ces choses sont contagieuses ; auprès de la cheminée, Yves bâilla de tout son cœur.

— Messieurs mes amis, dit le roi, c'est le temps qui veut cela.

— Et c'est le signal, je pense, poursuivit René, de prendre congé de Votre Majesté.

Le roi salua aussitôt, disant :

— Vous pouvez vous retirer dans vos appartements, messieurs !

Ils sortirent après avoir baisé la main du roi.

Les « appartements » d'Yves et de René consistaient en un seul cabinet, voisin de la chambre royale, et si étroit que leurs couchettes se touchaient presque. Entre deux il n'y avait place que pour une table.

René se jeta tout habillé sur son lit ; Yves s'assit au pied du sien. Ils ne se parlèrent point, quoique, certes, il ne fût pas encore l'heure de dormir. Le vent apportait dans le silence de cette solitude le son des cloches de Poissy, qui appelaient pour l'*Angelus* de six heures.

Quelques minutes s'écoulèrent. Aucune parole ne vint. Etait-ce le temps encore? ou bien quelque amer fléau avait-il rongé déjà jusqu'aux racines de leur mutuelle tendresse si belle! Deux semaines auparavant, René avait dit : « A nous deux nous n'avons qu'un cœur ! »

Aucun bruit ne passait à travers la cloison de la chambre du roi. Sans doute, il vaquait à ses dévotions du soir, qui toujours étaient abondantes et longues. Le roi avait la fervente piété d'un saint.

Ce fut Yves qui rompit le premier le silence entre nos deux jeunes gens.

— René, murmura-t-il, tu ne m'aimes plus.

— Tu es fou! répliqua René.

— Qu'as-tu donc alors?

— Je souffre.

— Hier, reprit Yves, tu n'as pas voulu me dire où tu avais été le soir...

— Je ne dois de compte qu'au roi, et le roi ne me l'a pas demandé.

Le silence revint plus morne. Dans ce silence, on entendit tout à coup grincer la porte extérieure de la chambre où couchait le chevalier de Saint-Georges. D'un commun mouvement, les deux frères sautèrent sur leurs épées nes.

Et ils attendirent, en retenant leur souffle.

— Est-ce quelqu'un qui est entré ? murmura Yves.

— Est-ce le roi qui est sorti ? demanda René.

Ils attendirent encore, puis René ajouta tout haut :

— Sire, Votre Majesté a-t-elle besoin de nous ?

Il n'y eut point de réponse.

Les deux frères se regardèrent, pâles tous les deux.

— Le roi n'est plus dans sa chambre, dit Yves.

— Ecoute ! dit René.

Un aboiement de chien retentit dans la cour : un aboiement joyeux.

— C'est Fourchault qui saute après le roi ! s'écria Yves.

René se mit sur ses pieds et s'approcha de la fenêtre. La porte de la cour s'ouvrit. On entendit le trot d'un cheval dans le chemin. Les deux messieurs de Coëtlogon étaient maintenant debout à côté l'un de l'autre.

— Cela ne se doit pas, dit René. Mon devoir est de suivre le roi.

— Même quand le roi ne le veut pas ? demanda Yves d'une voix altérée.

René frissonna.

— Le roi ne *peut* se montrer au château de Saint-Germain ! prononça-t-il entre ses dents serrées.

— On *peut* se rencontrer ailleurs, répliqua Yves.

— Non.

— Qu'en sais-tu ?

Et dans cette question il y avait une sourde colère.

Les regards des deux frères se choquèrent : deux paires de beaux yeux, en vérité, doux comme le velours qui est sous les paupières des jeunes filles. Mais terribles, en ce moment où je ne sais quel feu profond y brûlait !

Yves cependant baissa les yeux le premier.

— Mon frère ! ô mon frère ! supplia-t-il, jamais ne soyons ennemis !

René prenait son épée et son feutre. Il souriait et murmura :

— Serait-ce possible !

— Je vais avec toi, dit Yves avec une timidité d'enfant.

— Non, riposta René. Tu es blessé, tu me gênerais !

— Ne m'embrasses-tu pas avant de partir, mon frère ?

Les lèvres froides de René touchèrent le front d'Yves, et il sortit. L'instant d'après, le pas d'un cheval sonna encore au dehors. Yves ne se mit même pas à la fenêtre. Il tomba à deux genoux près de sa couche et pria Dieu ardemment. Tout en priant, il se disait : « Je n'irai pas, dussé-je en mourir ! »

Mais, quand il se releva, il crut ouïr des sons étranges qui allaient et venaient en forêt. Était-ce le vent parmi les branches ? Il pensa : « Si mon frère avait besoin de moi ! » Il ne faut qu'un prétexte. Yves, à son tour, coiffa son feutre et ceignit sa rapière. Puis un troisième cheval sortit, mais au galop.

Arrivé dans la percée, Yves de Coëtlogon s'arrêta pour écouter. Ce fut d'abord autour de lui ce murmure large et confus qui est le silence des forêts, quand le vent des nuits arrache des milliers de soupirs aux branchées. Puis au loin, tout au loin, du côté de Saint-Germain, Yves entendit la terre sonner. Il rendit les rênes à son cheval qui bondit.

La route était déserte. Il vit une ombre noire

au-devant de lui, quand il eut fait environ le quart d'une lieue. L'ombre était à cheval. Elle s'arrêta justement au beau milieu de la percée et se pencha comme pour jeter un regard attentif à l'intérieur du bois.

A cent pas de l'ombre, la route faisait un coude brusque. Yves avança doucement et mit les sabots de son cheval sur le gazon qui bordait le bas côté de la percée. L'ombre semblait ne point entendre.

Tout à coup, René, car c'était lui qui était l'ombre, se laissa glisser hors de sa selle et arracha ses deux pistolets de leurs fontes. Yves l'imita, mouvement pour mouvement.

Comme René se glissait sous la futaie voisine, Yves prit le même chemin. Leurs chevaux également bien dressés, les attendirent immobiles.

René arma le pistolet qu'il tenait à la main. Yves le rejoignait en ce moment et lui dit :

— Frère, tu n'es pas seul, je suis là !

René tressaillit et se redressa de son haut.

Tout à l'heure, il guettait évidemment quelqu'un ou quelque chose ; maintenant il n'y avait plus là pour lui que son frère. Malgré l'obscurité, Yves crut voir qu'il tremblait.

— Tu es là ! répéta René, luttant contre le frémissement de ses lèvres. Pourquoi es-tu là ? Je t'avais défendu de sortir !

— Défendu ! balbutia Yves qui se sentit pâlir. Tu es rude avec moi, mon frère !

— Défendu ! prononça une seconde fois René. Tu es mon cadet, j'ai droit.

— Frère, dit Yves, je t'aime assez pour t'obéir ; mais tu es cadet comme moi, et tu n'as pas droit... Au nom de Dieu, tu étais là pour quelque chose. Calme toi et faisons notre devoir, si devoir il y a !

Les feuilles sèches bruirent sous les taillis, et hors de vue. En même temps, le vent apporta des pas de chevaux qui semblaient aller paisiblement, au delà du coude de la route.

5

— Ils sont là ! murmura René, qui saisit ses tempes à pleine main. Tous deux !

— Qui donc est là, frère ?

— Ecoute ! dit encore René, qui semblait dominé par une fièvre d'angoisse, je veux bien souffrir par le roi ; dans mon cœur, je ne dois que fidélité au roi. Mon sang est au roi, mais en dehors de cela, que m'importe le roi ? Je ne veux pas souffrir par toi que j'aime !

— Frère...

— Tais-toi,.. cela me tue de penser que je pourrais te haïr !

— Toi me haïr ! s'écria Yves épouvanté.

— Tais-toi ! je suis fou !

Il tomba à deux genoux, ajoutant avec une poignante amertume :

— Mon cœur a le délire !

Yves appuya sa main contre sa poitrine qui défaillait. Il murmura au travers d'un sanglot :

— Nos cœurs sont semblables, le mien est à la torture !

— Alors tu avoues! dit René, qui se releva comme si une frénésie le poussait. Ah! si tu n'étais pas mon frère!...

Il jeta son pistolet et s'éloigna d'un pas, car il se redoutait lui-même.

Tout près d'eux, les branches d'un buisson remuèrent, et en même temps, deux coups de feu simultanés, suivis d'un troisième à distance, éclatèrent dans le silence de la nuit.

Les deux Coëtlogon s'éveillèrent violemment et ce fut en effet comme s'ils sortaient d'un profond sommeil.

— Le roi! dit René : les assassins du roi!

— Messieurs! défendez le roi! commanda une voix haletante, mais impérieuse et sonore qui les jeta, repentants, dans les bras l'un de l'autre. Leur étreinte passionnée ne dura qu'un instant. La Cavalière était debout devant eux et sa main tendue désignait le fourré.

— Madame, dirent-ils en sautant à cheval, nous le sauverons ou nous mourrons.

Ils s'élancèrent de front, perçant droit devant eux comme deux sangliers. Il y eut un bruit de mêlée : des détonations, des grincements de fer, des cris sourds : on se battait avec acharnement de l'autre côté du taillis.

Lady Mary détacha son cheval, caché là tout près et se mit en selle. Le nom de René vint à ses lèvres ; avait-elle entendu l'entretien des deux frères ?

Elle lança son cheval dans la direction du bruit ; mais elle songeait :

— La vraie fiancée du roi c'est la princesse de Pologne. Je suis la Cavalière ; je ne serai pas la reine.

Comme elle approchait du lieu ou l'on s'était battu, car la lutte, aussi courte que rude avait déjà pris fin, elle vit revenir Yves et René, la tête nue tous deux et se tenant par la main.

— Vive le roi ! crièrent-ils.

— Messieurs, demanda-t-elle d'une voix qui voulait en vain être ferme, aucun de vous n'est-il blessé ?

— Le roi est blessé, répondit Yves.

— Mais il est sauvé, ajouta René.

Naguère elle disait : Le roi, rien que le roi. Elle s'était informée de quelqu'un, ce soir, avant même de songer au roi.

— Messieurs mes amis, reprit-elle, je vous remercie.

René abandonna la main de son frère, qui fit un pas en avant.

— Ils étaient sept à l'embuscade, dit Yves, et il y en avait deux qui barraient la route du roi. C'est le roi qui a dit : « A moi je suis blessé ! René, mon cher et noble René a délivré le roi. Moi, j'ai attaqué le gros de l'embuscade. Il y a trois corps morts dans la coulée, et personne n'a poursuivi le roi.

— Que Dieu vous bénisse, messieurs mes amis ! murmura la Cavalière, qui prit la main d'Yves et la serra dans les siennes, René, songez à ceci : Je suis une sœur entre ses deux frères. J'appartiens au roi, messieurs, comme vous êtes au roi.

Ils effleurèrent tour à tour sa belle main de leurs lèvres.

— Messieurs mes amis, reprit-elle, il faut rejoindre Sa Majesté. J'allais justement chez le roi, quand le vent que j'ai eu de cette embuscade m'a fait changer de route. Désormais le danger l'entoure de toutes parts, et ce serait folie de braver tant de périls inutiles. Tout est prêt : vous direz au roi que sa mère a ordonné et que je prie. Le départ aura lieu demain, deux heures avant le jour.

— La première étape, acheva la Cavalière, est dirigée par M. de Lauzan, la seconde par M. de Courtenay, la troisième, qui commence à Nonancourt, appartient à M. de Châteaubriand-Bretagne. Allez, messieurs, encore une fois, et du fond du cœur je vous remercie.

Ils se séparèrent. Tandis que lady Mary Stuart reprenait la grande percée, Yvos galopait vers le logis du veneur, et Réné poussait son cheval dans la direction où le roi s'était éloigné. Ni les uns ni les autres ne devaient rencontrer, cette nuit, le chevalier de Saint-Georges.

A l'endroit même où ils s'entretenaient tout à l'heure, deux hommes traversèrent la route, coupant au court par un sentier de traverse qui allait droit à Saint-Germain. Ils étaient à pied, et l'un d'eux boitait...

La forêt était redevenue silencieuse depuis longtemps déjà. Un cavalier, qui semblait harassé de fatigue et chancelait sur sa monture, suivait comme au hasard les sentiers sablés conduisant à cette immense terrasse que Le Nôtre jeta comme une bordure à la montagne, sur une étendue de trois quarts de lieue.

Le vieux château dessinait sa masse pentagonale sur le ciel gris. Par les fenêtres éclairées, des bruits de fête filtraient joyeusement.

Le cavalier laissa errer sa monture jusqu'aux fossés. Là le cheval frémit entre ses jambes, puis s'affaissa. Il avait deux balles dans le poitrail : de ces balles qui coûtaient si cher à milord ambassadeur !

Jacques Stuart, c'était lui, eut bien de la peine à débarrasser ses pieds des étriers. Il était faible et perdait son sang par une blessure qu'il avait reçue au sein droit. Son regard se porta sur ces fenêtres, d'où tombaient les voix du plaisir.

— Elles sont là ! pensa-t-il.

Sa mère ! et celle qu'il appelait encore sa fiancée.

Machinalement, et cherchant peut-être une issue pour entrer au château, car la soif le brûlait et ses idées vacillaient dans sa cervelle, il arriva jusqu'au bout du fossé. Là commençait la haie qui bordait le jardinet des Trois-Rois, enclavé dans le parc.

Une ronde de nuit venait des grands parterres. Machinalement encore, le chevalier de Saint-Georges, ayant vague conscience du danger qu'il courait, se colla le long de la haie. Son dos pesa contre les branches, comme pour se creuser un abri. La clôture, qui était faible en cet endroit, et reprisée à l'aide d'un simple fagot de ronces, céda. Sans l'avoir voulu, le chevalier de Saint-Georges se trouva du bon côté de la haie, dans le jardinet de l'auberge des Trois-Rois.

IV

COMMENT LA GRANDE HÉLÈNE SE MIT TOUT A FAIT
EN COLÈRE

Les choses frivoles amènent souvent de graves événements : c'est là un axiome. En voici un autre : certaine natures burlesques forcent la raillerie et engendrent la mystification, comme la pluie mouille, comme le soleil réchauffe.

L'épouse Boër, comtesse de n'importe quoi : un nom prussien que le lecteur sera charmé d'oublier, revenait de la foire des Loges, dans son carrosse aussi bariolé qu'elle-même et bourré de plus d'emplettes que la grande Hélène n'en avait convoyé avec son bataillon de portefaix. Il était nuit tombée. Deux éclaireurs couraient devant l'équipage avec des torches, et l'épouse Boër, enrubannée comme une offrande, avait la joie de voir toutes les fenêtres curieuses s'ouvrir sur son passage.

Elle était seule, hélas! avec ses marchandises, dont l'achat fastueux lui avait donné tant de popularité à la foire. Elle eût cédé toutes ses marchandises, et le double, le triple, et ses rubans, et ses fleurs, et son rouge, et ses mouches, et tout, pour avoir là auprès d'elle un poète susceptible de lui rimer un madrigal, comme ceux qu'elle avait tant admirés dans *l'almanach des muses*. Cette lourde allemande adorait ce qu'on appelait alors « la poésie légère. »

Malheureusement il y avait comme une malédiction sur elle. L'infortunée comtesse en était réduite à son Roboam, un Hollandais jaune, moins qu'un Chinois ! le seul, oui, le seul au monde qui ne fût pas capable de rimer le moindre madrigal idiot !

Eh bien, cette abandonnée n'était pas au pied du mur comme vous pourriez le croire. Raoul, qui était jeune après tout, qui avait du loisir et qui lui gardait rancune pour le fameux brevet refusé, Raoul, français et malin comme un vaudeville, s'était vengé en fourrant dans la tête romanesque de l'épouse une prodigieuse, une absurde idée qui l'occupait du matin au soir.

L'épouse Boër, tournant casaque à la *politique* si avantageusement payée de Roboam, rêvait depuis vingt-quatre heures le renversement du roi George, afin de poser sur son front à elle bas et rouge la couronne d'Angleterre. Pas davatage ! Et elle croyait à cela dur comme fer !

Au compte de Raoul, c'était simple comme bonjour. Un divorce et un mariage, ou plus aisément encore : massacrer Roboam avant d'épouser Jacques Stuart en secondes noces. Nous demanderions pardon au lecteur de l'entretenir de pareilles folies, si, à un moment donné, cette farce ne devait entrer commé élément sérieux dans notre drame.

A l'instant ou l'épouse Boër passait au pas, pour se laisser admirer mieux, devant la porte de l'auberge des Trois-Rois, Raoul en sortait justement, portant avec crânerie son costume de postillon, et ravi d'avoir été agréé par la grande Hélène. Son regard se croisa avec celui de l'épouse, elle le reconnut tout d'un coup et poussa un cri de surprise.

Raoul, déconcerté d'abord et pris d'inquiétude, mit à tout hasard un doigt sur sa bouche. L'épouse fit aussitôt arrêter et l'appela de la main.

— Je me nomme Jolicœur! lui dit précipitamment Raoul avec une grande affectation de mystère. Souvenez-vous-en!

— Savez-vous! répliqua l'épouse étonnée. Ah! Jolicœur! concevez-vous!

— C'est pour l'affaire, continua Raoul, cela marche ! mon déguisement vous servira.

— Vous comprenez ? murmura-t-elle. L'affaire marche !... Le roi m'a t-il remarquée ?

— Où étiez-vous cette après-midi ? demanda brusquement Raoul.

— A la foire des Loges... comme toutes les personnes de qualité, vous savez.

— Le roi vous y a vue... chut !

— Ah ! savez-vous ! savez-vous ! Moi qui n'avais pas beaucoup de rubans !

— L'affaire marche ! répéta Raoul, Le roi a dit : c'est le soleil !

Il voulut s'esquiver, car les passants s'attroupaient pour contempler l'épouse. Elle le retint d'un bras vigoureux et l'attira jusqu'à elle, pour lui dire à l'oreille :

— Il a de l'esprit ce Suart ! Fait-il des petits vers ? Ah ! vous concevez, quand je serai sur le trône il ne m'en coûtera pas beaucoup de vous nommer premier ministre, mon cher.

Il se dégagea et se perdit parmi les badauds qui riaient.

— A l'hôtel! commanda l'épouse. Levez les torches, savez-vous : et faites parader les chevaux !

Et commençant son apprentissage de souveraine, elle salua gracieusement à droite et à gauche, tout le long du chemin.

Quelques minutes après, Piètre Gadoche, sous l'espèce de M. le marquis de Romorantin, montait la rue, redevenue solitaire, pour regagner son logis, situé, nous l'avons dit, au fond du jardinet des Trois-Rois. Il allait la tête basse o semblait de fort méchante humeur. Deux hommes, dont l'un boitait, se détachèrent du porche d'une maison voisine et l'abordèrent.

— Ah ! ah ! mes drôles ! dit-il, que signifient ces coups de feu dans la forêt ? Ce stupide Hollandais a donc fait des siennes ?

— Patron, répondit Rogue, le Stuart a été attaqué entre la croix de Berry et le Houx...

— Et vous y étiez, coquins?

— Nous n'avions garde, patron, repartit Salva. Ce sont des gens de mein herr Roboam, qui n'ont pas eu le contre-ordre.

— Et quoi du roi? interrogea Gadoche avec une véritable anxiété.

— Les deux diables de la Font-de-Farges sont encore venus, grommela Rogue.

— Deux seulement !

— Oui, deux: les Coëtlogon. Le vicomte Raoul n'y était pas.

— Ils ont cassé des têtes ?

— Quatre.

— Et le Stuart ?

— Touché !... Mais il court encore. Et nous sommes venus vous dire, patron, que le départ est fixé pour demain matin, deux heures avant le jour.

Gadoche mit la main à son gousset.

— Est-ce tout ? demanda-t-il.

— Non, répliqua Rogue. M. de Lauzan est le

premier postillon, M. de Courtenay le second, M. de Châteaubriand le troisième.

— Bravo ! nous serons bien menés ! Qui a dit cela ?

— La Cavalière en personne... aux Coëtlogon.

— Oh ! oh ! elle court les aventures cette nuit ! Est-ce tout ?

— Oui, patron.

Ils eurent leurs étrennes. Comme Gadoche s'éloignait, pensif, Rogue se ravisa et le rappela.

— Patron, dit-il, je ne sais pas si ça vous intéresse, mais à tout hasard je vous apprends que nous avons vu à une fenêtre des Trois-Rois ce joli minois qui était là-bas au Lion-d'Or, la nièce... la Poupette de la grande Hélène.

— Mariole ! s'écria le bandit. Elles ne sont donc pas parties ! Est-ce que nous n'aurions personne à Nonancourt ?

Il s'élança vers l'auberge, laissant le juif et le boiteux au milieu de la rue.

— Tiens ! tiens ! dit Salva. On aurait pu lui vendre la chose plus cher !

Rogue répliqua par cette sentence :

— Il ne faut jamais rien donner par-dessus le marché !

La grande Hélène était gaie comme pinson là-haut, ce qui ne lui arrivait pas tous les jours. Elle avait vu les enfants trébucher entre ses jambes et flairer ses poches « comme des petits loups, » elle avait reçu les remercîments de la tante Catherine, et la Poupette l'avait embrassée bien tendrement, quoiqu'on n'eût pas dit un mot de « la surprise. » Ce soir, la grande fille voyait le monde sous un aspect un peu moins noir ; la terrible éclaboussure était presque oubliée ; elle attendait son souper d'un cœur content. On gratta à la porte, et maître Daniel, l'aubergiste, entra.

— Est-ce bien votre nom Hélène Olivat ? demanda-t-il sans autre préambule.

— Vous pourriez dire : demoiselle, répliqua Hélène.

— Demoiselle, si vous voulez ; c'est votre nom ?

— C'est mon nom.

— Eh bien, demoiselle Olivat, il y a en bas un gentilhomme qui voudrait parler avec vous.

— Comment l'appelez-vous, ce gentilhomme ?

Daniel hésita, car le nom que le marquis de Romorantin lui avait ordonné de prononcer ne lui revenait point à la mémoire. Mais, en ce moment, Nicaise entra tout essoufflé, disant :

— M. Ledoux est ici, demoiselle !

— Juste ! s'écria l'aubergiste. C'est M. Ledoux !

Hélène rougit.

— Faites monter M. Ledoux, dit-elle. Et vous autres, rangez-moi tout cela... Vite et proprement, avant d'aller à la niche !

Pendant que Mariole et Nicaise mettaient un peu d'ordre autour d'elle, la grande Hélène donna en vérité un coup d'œil à son miroir. Quand

M. Ledoux entra, elle avait fait place nette. Tout le monde était à la niche.

M. Ledoux avait l'air grave et même morose, autant qu'un visage paisible et agréable, comme était le sien, pouvait exprimer la mauvaise humeur. Il accepta froidement la chaise qu'Hélène lui offrait et s'assit sans mot dire. La pauvre grande fille était toujours fort émue, quand elle revoyait son ancien promis. Cela lui rappelait de terribles heures. Elle voulut rompre ce silence qui lui pesait et commença en souriant :

— Vous voilà donc par ce pays-ci, monsieur Ledoux ?

— C'est heureux pour vous, demoiselle, fut-il répondu presque rudement.

Hélène le regarda, étonnée. De tous les hommes vivant à cette époque, sans en excepter le régent de France, ni le duc régnant de Lorraine, M. Ledoux était positivement celui qui avait le plus d'influence sur la grande Hélène. Néanmoins, il n'eût point fallu que M. Ledoux lui-même essayât de marcher sur le pied de la bonne fille.

Il vit cela, car c'était un esprit plein de tact, rien que dans le regard inquiet et presque soumis que la grande Hélène lui lança. De pareils regards ressemblent à ces vents tièdes et doux qui précèdent les coups de tonnerre. Il baissa la voix d'un ton ou deux et reprit d'un accent plutôt triste que sévère :

— Il y a de grands intérêts engagés, demoiselle, et je croyais pouvoir compter sur vous, quand je vous ai fait donner le brevet de maîtresse de poste à Nonancourt.

— Je pense que vous ne me reprochez pas le service que vous m'avez rendu, monsieur Ledoux, dit-elle.

— A Dieu ne plaise ! Je vous devais quelque chose et j'ai fait de mon mieux pour payer ma dette. Seulement, souvenez-vous bien, je vous avais dit : Soyez à Nonancourt après-demain, et et il y a six jours de cela.

— C'est vrai, avoua Hélène repentante. J'ai musé, comme on dit, monsieur Ledoux. Il y a tant de choses à acheter pour un bureau de poste. Est-ce que mon retard aurait causé quelque perte à quelqu'un ?

— Il aurait pu causer une perte irréparable, demoiselle.

— Dieu soit loué ! il n'est rien arrivé, alors, et, comme je pars demain matin...

M. Ledoux l'interrompit.

— Vous vous trompez, demoiselle, dit-il, c'est ce soir que vous partez.

— Ah ! ah ! fit-elle en fronçant le sourcil. Et qui m'y forcera ?

— Là, là, demoiselle Hélène, répliqua M. Ledoux avec son paisible sourire. Je ne dis pas que ce caractère-là ne m'ait point fait peur, un petit peu, dans le temps... quand nous étions pour nous marier... Vous avez vos petits défauts comme tout le monde.

— Ce n'était donc pas pour l'argent ? s'écria Hélène, prise d'un naïf remords.

— Je ne dis pas, demoiselle ; je ne dis rien, sinon que vous êtes un peu brusquette pour un homme de paix comme moi. Personne ne vous forcera de partir. Vous partirez, parce que vous sentirez la nécessité de partir.

— Ah ! monsieur Ledoux, dit Hélène dont les yeux se mouillèrent, c'est bien vrai que vous valez mieux que moi ! J'ai un fort méchant caractère.

Il lui tendit la main. Extrême en tout, elle eut presque envie de la baiser. Elle se borna pourtant à la serrer avec une sorte de respect.

— A quelque chose malheur est bon, demoiselle, reprit paternellement M. Ledoux. J'aimerais mieux vous voir à Nonancourt qu'ici ; mais si vous aviez été à Nonancourt, j'aurais été obligé de faire le voyage.

— Vous aviez donc besoin de me parler ?

— Besoin absolument.

Il sourit encore et ajouta :

— Il s'agit de politique.

— De politique ! répéta Hélène stupéfaite.

M. Ledoux jouait avec les faveurs de ses chausses qu'il roulait et déroulait adroitement.

— Oui, demoiselle, de politique, reprit-il en rapprochant un peu sa chaise. Voilà ce qui rapporte gros aujourd'hui !

Hélène secoua la tête.

— La politique et moi, dit-elle, nous ne nous connaissons guère !

— J'entends bien... Et si je voulais vous voir, demoiselle, c'était pour vous en donner une petite leçon.

— Bien obligé, monsieur Ledoux. Je n'y comprendrai rien.

— Savoir, demoiselle ! Il y a politique et politique.

— Moi qui ne me mêle jamais des affaires des autres...

— Et si c'étaient vos propres affaires ?

Elle le regarda. Il lui fit ce signe de tête qui allume la curiosité des enfants.

— Jugez plutôt, reprit-il ; je commence : Vous connaissez le chevalier de Saint-Georges, puisque le Lion-d'Or était à deux pas de son château.

— J'ai entendu parler de lui, beaucoup, là-bas et ailleurs, c'est vrai, mais je ne l'ai jamais vu. La reine sa mère, par exemple, c'est différent !

Elle s'interrompit pour jeter un regard de rancune à sa robe qui séchait près du foyer.

— Vous ne pouvez avoir pour lui, en ce cas, aucune affection personnelle ?

— Quant à ça, aucune, monsieur Ledoux... au contraire. Je n'aime pas tous ces gens-là ! Ça éclabousse.

— Alors, nous allons nous entendre du premier coup. Partant ce soir, vous arriverez demain de bonne heure à Nonancourt. Le chevalier de Saint-Georges y arrivera sur la brune.

— Ah ! dit Hélène le chevalier de Saint-Georges viendra chez moi... avec les gens de là-bas ?

— Avec une partie des gens de là-bas.

Hélène essaya de prendre un air indifférent, mais ses yeux brillaient malgré elle.

— Qu'est-ce que cela me fait ? demanda-t-elle.

— Cela peut vous faire deux choses, demoiselle, répondit M. Ledoux, qui lisait ses regards comme un livre ; cela peut faire votre fortune d'abord.

Hélène baissa les yeux et ses joues s'animèrent. Nous l'avons dit, elle aimait l'argent.

— Ensuite, continua M. Ledoux...

Il s'interrompit, puis acheva d'une voix plus basse :

— Demoiselle Olivat, dès la nuit où nous devions être fiancés, je vous ai promis d'aider à votre vengeance.

Hélène pâlit, mais sa paupière se releva, montrant le sombre éclat de ses prunelles. M. Ledoux pensa :

— Celle-là est une louve, et j'ai bien choisi !

La grande fille, cependant, songeait aussi. Elle avait une vision qui l'obsédait. Elle voyait un bras tout nu, portant au-dessous de l'épaule une terrible trace : une blessure quintuple, marquant les cinq doigts d'une main — de la main du mort, — et si profondément fouillée que l'os s'y montrait sanglant, parmi les lambeaux déchirés de la chair.

— Cela n'a pas eu le temps de sécher ! dit-elle.

M. Ledoux eut comme un malaise ; mais elle ne l'observait point en ce moment. Elle passa ses deux mains sur son front, tour à tour, comme on fait pour vaincre l'entêtement d'un sommeil, et demanda tout à coup :

— Comment savez-vous que le chevalier de Saint-Georges doit venir à Nonancourt ?

— Hélène, répondit M. Ledoux, je ne vous ai

peut-être pas tout dit, en ce qui me concerne, mais jamais je ne vous ai trompée. J'avais à Bar-le-Duc une mission secrète, en outre de mon emploi de collecteur. Depuis lors mon importance a grandi encore... Et pendant que j'y suis, je vais tout vous dire; Il ne faudrait point vous étonner si vous m'entendiez nommer là-bas autrement qu'en Lorraine. Ledoux est bien mon nom... mais les gentilshommes ont plus d'un nom.

— Ah! fit-elle avec défiance, vous êtes un gentilhomme, vous, monsieur Ledoux?

— Cela n'allait pas bien avec l'humble état de collecteur des gabelles. Mais ceux qui connaissaient mon père m'appellent à présent M. Ledoux de Romorantin... d'autres disent le marquis de Romorantin.

— Bien votre servante, monsieur le marquis! murmura Hélène piquée au vif. Je ne m'étonne plus si vous avez dédaigné une fille d'auberge!

— Vous êtes injuste, Hélène...

— Assez là-dessus! dit-elle rudement, et répondez-moi.

— Je vous répondrai avec ma franchise ordinaire, demoiselle, dit Ledoux qui, en vérité, semblait un juste méconnu. Point d'ambages entre nous! Je nommerai les choses par leur nom. Je sais que le chevalier de Saint-Georges doit passer demain à Nonancourt, parce que c'est moi qui suis chargé d'arrêter le chevalier de Saint-Georges.

La respiration d'Hélène enfla ses joues.

— Alors, dit-elle, M. le marquis, vous êtes un...?

— Un homme politique, prononça fermement Ledoux, avant qu'elle eût prononcé le mot.

— Vous aviez promis de nommer les choses par leur nom, dit-elle avec une dure moquerie.

— Je suis un homme politique, répéta Ledoux

sans rien perdre de son calme. Réfléchissez, demoiselle !

— Je réfléchis... Vous comptez arrêter le chevalier de Saint-Georges chez moi, pas vrai ?

— A la poste de Nonancourt, oui.

— Et c'est pour cela que vous m'avez fait obtenir mon brevet ?

M. Ledoux répondit affirmativement.

— Dites donc l'homme ! s'écria Hélène, nous n'avons jamais été mariés tous deux. De quel droit m'avez-vous prise pour une femelle de Judas !

Elle s'était redressée, belle d'indignation et de mépris. Toute la sauvage hauteur de sa nature était dans le regard dont elle écrasait son ancien fiancé. M. Ledoux baissa les yeux humblement sous ce regard. Il laissait volontiers aux orages, en sa qualité d'homme politique, le temps de se calmer.

Nous devons rappeler ici que les chambres d'auberge n'ont pas toujours des cloisons très-épaisses. Dans la chambre voisine, Mariole et Nicaise n'écoutaient pas, Dieu nous garde de le dire, mais il ne se bouchaient pas non plus les oreilles. Quelques mots de l'entretien arrivaient jusqu'à eux : pas assez pour comprendre, suffisamment pour inférer. L'explosion de la colère d'Hélène arriva foudroyante et distincte.

— Il a son compte ! dit Nicaise en se frottant les mains. C'est bien fait !

— S'il allait nous reprendre le brevet ! pensa tout haut Mariole.

— Vous n'êtes point à même de comprendre ces choses-là, jeunesse, répliqua le fatout qui se formait rapidement par les voyages ; c'est au-dessus de votre innocence. Je sais ce que je sais. Tout à l'heure, dans la rue, j'ai vu ce M. Ledoux qui causait avec deux vauriens... Mais vous les connaissez aussi bien que moi, ces deux-là, la poupette : les deux qui vinrent boire chez nous, avec votre braconnier...

— Mon braconnier ! répéta Mariole offensée.

— Votre postillon, si ça vous plaît mieux... car en voilà encore un qui change de peau comme une couleuvre ! C'est une même clique, voyez-vous, j'en suis bien sûr ! Tout ça se tient, et je suis écœuré quand je vois d'un côté la demoiselle, de l'autre vous qui vous laissez prendre toutes deux à des oiseaux de pareille espèce. Je parie un écu de trois livres qu'il en arrivera des malheurs !

— Nicaise, repartit Mariole de sa jolie petite voix décidée, tu es un bon garçon qui n'a pas inventé la poudre. Je t'abandonne le M. Ledoux; fais-en des choux et des raves. Mais si tu touches à M. Raoul...

— Bien, bien, grommela le fatout. C'est bon; il y en a de plus reluisantes que vous qui m'en ont offert des verrées de vin blanc, Poupette?...

— Chut ! fit Mariole, les voilà qui reparlent.

La voix tranquille et persuasive de M. Ledoux passait en effet de nouveau à travers la cloison.

V

OU LA GRANDE HÉLÈNE QUI N'ÉTAIT PAS LA FEMELLE DE JUDAS VEND POURTANT LE ROI POUR TRENTE DENIERS.

— Demoiselle, disait M. Ledoux, vous vous échauffez aisément et vous ne mesurez pas assez vos paroles. Je ne vous prends point pour la femelle de Judas. Je vous prends pour une femme d'ordre et de bon cœur, qui a de lourdes charges à cause de son bon cœur justement, et qui ne laissera pas échapper une occasion de gagner honnêtement sa fortune.

— Honnêtement ! se récria Hélène d'un ton toujours provocant. Chacun entend l'honnêteté à sa manière, à ce qu'il paraît, monsieur le marquis !

— On dirait qu'il est marquis, à présent, le gabelou ! ricana Nicaise dans la chambre voisine.

— Chut ! fit encore Mariole.

— Honnêtement, répéta M. Ledoux, loyalement, et sans que votre conscience puisse souffler le plus petit mot ! Je vous prenais aussi pour une femme de mémoire. Et il n'y avait pas besoin que la mémoire fut longue, car vos robes de deuil sont encore toutes neuves, demoiselle !

Hélène eut un frémissement par tout le corps.

— Mon pauvre bonhomme de père ! murmura-t-elle.

— On dit que vous avez fait une remarque, reprit M. Ledoux, dont la voix s'altéra malgré liu. On dit que vous reconnaîtriez, au bras du meurtrier...

— Dans cent ans comme aujourd'hui! interrompit la grande fille, dont les cils baissés laissaient sourdre une lueur fauve. Chacun sait que ces blessures-là ne se cicatrisent jamais... Vous voilà bien blême, monsieur Ledoux. Avez-vous du mal?

— J'ai du mal, demoiselle, d'avoir été méjugé par une personne à qui j'avais prouvé de l'amitié.

Elle lui tendit la main. Ses colères étaient feux de paille. Elle subissait de nouveau déjà l'influence extraordinaire que son ancien promis exerçait sur elle.

— Je vous demande pardon, monsieur Ledoux, dit-elle, si je vous ai offensé. Laissons cela je vous prie. Ni pour or, ni pour vengeance, je ne voudrais livrer un malheureux.

— Généreuse créature! murmura M. Ledoux comme malgré lui.

— Qui ça? moi? repartit brusquement Hélène. Généreuse! Ah bien oui! ce n'est pas pour le fugitif, bien sûr, c'est pour moi.. Je pense à moi, c'est assez. Gagner de l'argent, c'est bon, et j'étranglerais de mes mains l'assassin du bonhomme, si je le tenais, oui, de mes propres mains! Mais je travaille rude tant que dure le jour, je veux dormir mes nuits tranquilles. Est-ce songer aux autres, cela? Si je livrais un homme, voyez-vous, j'aurais de mauvais rêves!

Elle parlait avec conviction. M. Ledoux souriait.

— Et si vous n'en dormiez que plus tranquille, chère et noble âme que vous êtes? dit-il Ne me connaissez-vous pas assez? Pensez-vous donc que je vous aurais proposé à vous, Hélène, une action qui pût vous causer des remords? Hélène, écoutez-moi. En livrant cet homme, vous épargnez des milliers d'existences!

La grande fille secoua la tête.

— Je ne suis pas assez savante pour comprendre cela, dit-elle. Finissons-en. J'ai dit : Je ne veux pas !

— Et moi je dis : Vous allez vouloir ! prononça Ledoux avec autorité. Ne m'interrompez plus, demoiselle ; je ne serai pas long désormais : en deux mots je vais vous convaincre. Vous pouvez, en effet, refuser votre fortune, cela vous appartient ; vous pouvez même renoncer à votre vengeance, cela vous regarde. Mais il ne vous est pas permis, en bouchant vos oreilles à la vérité, en fermant vos yeux à la lumière, de commettre une action criminelle.

— Oh ! oh ! fit Hélène, criminelle !

Elle raillait, la grande fille ; mais le visage de M. Ledoux était si grave qu'elle se sentit devenir sérieuse.

— Si le chevalier de Saint-Georges, reprit-il, passe Nonancourt, c'est la guerre civile en Angleterre, et peut-être la guerre générale en Europe.

Hélène fut vaguement frappée. Malgré son ignorance des choses politiques, elle sentait qu'il y avait du vrai là-dedans; et sa répugnance morale se trouvant attaquée, son égoïsme, composé de toutes ses tendresses, s'éveilla brusquement.

— La guerre viendra-t-elle jusque chez nous? demanda-t-elle.

— Assurément, demoiselle, la guerre ira partout.

Il y avait en elle de l'enfant. Elle se mit à rêver. La guerre! Dieu merci! elle en savait des histoires de guerre! Son père, vieux reître, l'avait bercée avec cela! Du sang! des larmes! du feu! Les femmes insultées, les églises incendiées, les enfants broyés sous les pieds des chevaux! La guerre n'épargne rien, ni personne. Hélas-Dieu! la vieille tante Catherine! les petits! Mariole surtout, Mariolo dont le cher sourire se baignerait dans les pleurs! Hélène demanda tout à coup:

— Et qu'est-ce que vous lui feriez à ce chevalier de Saint-Georges ?

— Ce qu'on fait à un pauvre insensé, demoiselle, car il n'est pas méchant, et personne ne lui veut de mal. On le ramènerait à Bar-le-Duc, où il pourrait entendre ses messes et courir ses chasses comme par le passé.

— Voilà tout?

— Absolument tout. Supposiez-vous donc autre chose ?

Ceci fut dit d'un tel accent qu'Hélène eut presque honte d'avoir forcé un si galant homme à tant d'explications.

— Pourtant, dit-elle encore, puisqu'on paye...

— Ne paye-t-on pas tous ceux qui rendent des services à l'Etat?

— C'est vrai, cela ! c'est très-vrai ! murmura-t-elle.

— La récompense qui vous serait destinée,

laissa tomber M. Ledoux, serait de vingt mille livres.

— Vingt mille livres pour moi toute seule ! dit-elle.

— Et notez bien ceci, demoiselle : je n'accuse pas le chevalier de Saint-Georges, le ciel m'en préserve ! mais je soupçonne les gens qui le poussent, les boute-feu, les brouillons qui avaient besoin d'argent pour entamer la danse, comme ils disaient là-bas... je me charge de voir, à Nonancourt, ce qu'il y a sous les manches de leurs pourpoints !

Hélène le regarda comme il disait cela. Sa joue était livide et ses lèvres frémissaient. Elle n'eut pas le temps d'en faire tout haut la remarque, car il se leva vivement après avoir consulté sa montre.

— Demoiselle, dit-il, j'ai dépensé près de vous plus de temps qu'il ne fallait. Je suis chargé d'intérêts bien graves. Méditez ma proposition et prenez conseil de votre prudence. Si vous le voulez bien, dans une heure je viendrai chercher votre réponse.

— Soit, répondit Hélène qui semblait tout engourdie dans ses réflexions.

Elle ne l'accompagna pas jusqu'à la porte. Dans l'escalier, M. Ledoux se frotta les mains et pensa.

— Diablesse de virago ! j'ai cru qu'elle allait nous filer dans la manche ! Il a fallu appuyer sur la griffe du mort ! Et chaque fois que j'en parlais, mon malheureux bras me cuisait comme si j'y avais appliqué un fer rouge. Enfin elle est à nous !

Hélène restait sur sa chaise. Mariole gratta à la cloison, Hélène ne bougea pas.

— Est-il parti ? demanda la fillette de sa plus douce voix.

Hélène garda le silence.

— Sœur, peut-on entrer ? dit encore Mariole.

— Non, répondit Hélène rudement. Qu'on se taise et qu'on me laisse !

Elle reprit son immobilité silencieuse. Quand elle parla, ce fut pour se dire à elle-même :

— Vingt mille livres ! Dix fois plus qu'il n'y avait dans la paillasse de mon père ! Et mon père serait peut-être vengé !... S'il était là il dirait : Marche !

Nouveau silence.

— Il dirait : Marche ! reprit-elle impétueusement, et il aurait raison. La guerre est une boucherie ; il est bon d'empêcher la guerre. Qui croirait que la paix et la guerre sont entre les mains d'une pauvre fille comme moi !

Elle eut un sourire de naïf orgueil. Le dernier nuage de doute se dissipa sur son front qui prit la sérénité des droites consciences,

— Roule ta bosse ! s'écria-t-elle joyeusement. J'aime l'argent, eh bien ! après ? C'est sûr que j'aime l'argent, je ne m'en cache pas, je m'en vante ! Pourquoi ne pas faire le bien, quand ça rapporte ? Pourquoi ? hein ? C'est d'une pierre deux coups... Nicaise, innocent, ici !

La porte de la pièce voisine s'ouvrit aussitôt, mais la grande Hélène était si puissamment préoccupée qu'elle ne l'entendit pas. Elle continuait, se croyant seule :

— Si je ne le fais pas, un autre le fera, pas vrai ! La belle avance !

— Quoi donc que fera l'autre ? se demandait Nicaise arrêté près de la porte.

— Et d'ailleurs, ajouta-t-elle en appliquant une tape méprisante à l'endroit où bat le cœur, je n'ai rien, rien là, moi, c'est connu ! Je n'aime que moi !

— Ah ! par exemple ! pensa Nicaise. Encore des vanteries !

— Et j'en suis bien aise ! poursuivait Hélène. Le cœur ! ça ne sert qu'à enfiler des sottises comme les perles d'un chapelet ! Et quand on a sur les bras cette fainéante de Mariole, la tante Catherine, les quatre marmailles et Nicaise... Ah ! pour celui-là, soyons juste ! Il travaille plus qu'il ne coûte...

— Merci, demoiselle, dit le fatout du fond de sa reconnaissance.

Certes, la grande Hélène ne se souvenait même plus de l'avoir appelé. Elle poursuivit.

— Eh bien ! quoi ! je donnerai dix mille livres à Mariole... avec ce bêta de Nicaise, si elle veut par dessus le marché !

— Merci, demoiselle ! pensa encore le fatout ; mais cette fois, il s'arracha une mèche de cheveux.

— Je donnerai, continua Hélène, cinq mille livres à la tante Catherine, pour ne plus l'entendre pleurer la misère. On ne se fait pas l'idée comme ça m'agace ! Je placerai cinq autres mille livres sur la tête des marmots...

— Dix et cinq quinze, dit tout haut Nicaise en s'approchant enfin, et cinq, vingt.

— Juste ! fit Hélène en souriant avec bonne humeur. Tu étais donc là, toi ?

— Demoiselle, c'est vous qui m'avez appelé.

— T'ai-je appelé ? Possible, mon garçon. Ma tête est un peu en l'air.

— Vingt mille livres de cadeaux ! dit Nicaise avec admiration. Vous avez donc bien de l'argent au jour d'aujourd'hui ?

— J'ai vingt mille livres, parbleu !

— D'où que vous les avez, demoiselle ?

Hélène le regarda de travers.

— Je te dis que je les ai, répliqua-t-elle. Ça suffit.

— Bien sûr, demoiselle, car vous ne pouvez les avoir que par une bonne voie.

Hélène tourna la tête.

— Mais, poursuivit Nicaise supputant sur ses doigts, comptons. Qui de vingt mille livres ôte vingt mille livres, reste zéro. Vous ne gardez donc rien pour vous ?

— Tu crois ça, toi ?

— Dame, oui, demoiselle.

— Nigaud ! Et le plaisir d'être une bonne fois débarrassée de tous ces gens-là. Va, mon pauvre Nicaise, tu ne me prendras pas sans vert. Je pense à moi, toujours à moi ! Je ne pense qu'à moi !

— N'y a pas vantarde comme elle ! se dit Nicaise avec indignation.

Hélène continuait de la meilleure foi du monde :

— Mariole, vois-tu, ça me gêne de l'avoir avec moi. Je l'aime trop. C'est fini, je n'en veux plus ! La tante Catherine, dame, tu comprends bien, une vieille femme qui vous a presque élevée : on s'attache, on s'attache... Je préfère la voir ailleurs que chez moi. Les petits, pauvres mignons, mon frère Benoît est mort si jeune ! et j'étais sa préférée. Croirais-tu que sa femme, la chère créature, était jalouse de moi, tant il m'aimait ! Ah ! les braves cœurs tous deux !... Est-ce que je vais pleurer !

Nicaise la regardait, attendri, tandis qu'elle essuyait ses yeux à la dérobée avec un coin de son fichu.

— Je disais donc : les petits... veux-tu savoir ? On ne peut pas rudoyer ça comme on voudrait, à cause du souvenir des parents. Et puis ils sont si gentils tous les quatre. Il faut prendre des gants. C'est ennuyeux. Ah ! quand je n'aurai plus ni Mariole, ni la tante Catherine, ni les marmailles...

— Voulez-vous savoir, demoiselle, déclara Nicaise qui avait la larme à l'œil, vous serez malheureuse comme les pierres, quand vous ne les aurez plus !

— Je serai libre comme l'air, innocent ! Et je pèserai moins qu'une plume !

Elle se leva.

— Heureusement, pensa Nicaise, qu'elle les aura toujours !

— Allons dit Hélène résolûment, voilà qui est dit, pas vrai ?

— Quoi donc, demoiselle ?

— Pour les vingt mille livres... nous les empocherons, et tant pis pour le chevalier de Saint-Georges !

— Comment ! comment ! s'écria Nicaise dont la curiosité s'éveillait tout à coup, le chevalier de Saint-Georges !

Hélène le regarda par-dessus son épaule.

— Ma parole, dit-elle, le voilà maintenant qui va vouloir s'entendre en politique ! Sais-tu seulement pourquoi on a pris un gros gars de Hanovre pour en faire un roi d'Angleterre, toi ? Non ? ni moi non plus... Holà ! Mariole, fainéante ! Debout, tante Catherine, et ne grondez pas ! Eveillez les petiots ! S'ils pleurent, on les fouette ! Au lieu de partir demain, on part ce soir. Ne demandez pas pourquoi : c'est mon caprice.

Elle alla à la porte de l'escalier qu'elle ouvrit.

— Holà ! maître Daniel ! les filles ! les garçons ! chargez, attelez ! qu'on se mette en l'air ! Je paye comme si j'étais une reine ! Et qui sait si je n'éclabousserai pas quelqu'un avant de mourir ! A la besogne tout le monde !

Elle donna un gros baiser à Mariole qui arrivait toute essoufflée ; en suite de quoi elle lui dit une injure. Elle bourra la tante Catherine, en étouffant les marmots de caresses. Je crois qu'elle prit un bâton parce que Nicaise riait en s'élançant à son ouvrage.

Oh ! la terrible fille ! l'auberge entière monta sur le pont. Il n'y avait plus que la demoiselle Hélène Olivat, titulaire du bureau de poste de Nonancourt. Garçons et servantes allaient et venaient tout affolés. Les chalands pouvaient demander ce qu'ils voulaient, on les laissait attendre.

Les chevaux furent poussés hors de l'écurie alors qu'on n'avait point besoin d'eux, la carriole fut tirée de la remise, on cria après les postillons deux heures d'avance. Jolicœur, surtout, le beau Jolicœur, M. le vicomte de Chateaubriand-Bretagne, s'il vous plaît ! Où était

Jolicœur ? Et Dieu sait que Nicaise fut mené d'importance. Il s'agissait de ne rien oublier, sous peine capitale. La grande Hélène descendait et remontait son escalier à pleine vitesse, à plein bruit surtout. Elle était agitée autant qu'une tempête, et gaie pourtant, de cette gaieté fanfaronne qui prend celles dont le bonnet vient de voler par-dessus les moulins. De temps en temps, au plus fort du coup de feu, on aurait pu l'entendre radoter.

— Chacun pour soi ! Le voilà bien malade, ce prince-là, de retourner à Bar-le-Duc ! sans lui tous ces coquins n'auraient pas rôdé autour de chez nous. Et le pauvre père coucherait encore avec sa tirelire. Je fais bien, j'en suis sûre ! Et si le chevalier de Saint-Georges n'est pas content, il ira le dire à Rome !

Pour tant plaider une cause, il faut qu'on ne la sente pas très-bonne. Il y avait des moments où Hélène grondait son monde, bousculait et tempêtait pour ne point entendre une voix intérieure qui ressemblait à un remords.

Mais, jarnicoton ! elle était fille à prendre le remords par le cou, comme un chien, et à le lancer par la fenêtre !

Elle entra dans la chambre de derrière.

— Tante Catherine, dit-elle, vous saurez que ceux qui se feront attendre auront affaire à moi. Mettez deux gilets de laine : les rhumes ne valent rien en cette saison. Qu'on enveloppe les petits comme des paquets ! s'ils crient, la fessée ! N'en es-tu que là, toi, mademoiselle Mariole ? J'ai peur que tu ne deviennes une mijaurée, ma fille ! Marche droit ! si tu tousses, je me fâche ! C'est délicat comme une princesse, ma parole ! Qu'on m'embrasse ! mais au galop ! Je n'ai pas le temps de m'amuser !...

— Nicaise, propre à rien ! poursuivit-elle en se ruant sur le fatout qui entrait, essuyant la sueur de son front. Je t'ai entendu bavarder dans la cour ! Que je t'y voie ! Ce Jolicœur n'est pas arrivé ? A l'amende ! Ecoute bien, sur ta tête ! Il s'agit de moi : les autres, à l'aventure ! Tu vas montrer à la fille, en bas, comment on fait chauffer mes doubles souliers...

— Oui, demoiselle.

— As-tu ma mante fourrée ? Je parie que non ! Et la peau de mouton pour entortiller mes jambes ? Ah ! ah ! garçon, il me faut mes aises ! Mariole ! non, rien !...Eh bien, toi, fatout, quand tu resteras comme un poteau, planté en terre !...

— Mais vous me parlez, demoiselle !

— En es-tu sûr, Benet ? Allons des jambes ! Tu vas me faire monter mon vin sucré, très-chaud. Ça donne des forces.

— Ah ! dame ! ça ravigote un quelqu'un, c'est sûr ! approuva le fatout qui tâchait de se rendre agréable.

Il y avait du bruit à la fenêtre qui donnait sur le jardinet.

— Qu'est-ce que c'est que cela ? s'écria Hélène.

Elle repoussa Nicaise qui allait ouvrir.

— As-tu besoin de savoir? va à l'ouvrage!

— Sœur, dit Mariole qui avait ouvert la fenêtre, c'est un pauvre homme...

— Veux-tu bien fermer, toi, curieuse! qu'est-ce que cela nous fait?

— Un jeune homme, poursuivit Mariole. Oh! sœur, il est blessé!

— Qu'il se guérisse! sommes-nous des chirurgiens, à présent! Ferme! je t'ordonne de fermer! veux-tu me donner le mal de gorge, péronnelle!

Mais Mariole n'obéissait point.

— Sœur, je t'en prie, viens voir, supplia-t-elle. On dirait qu'il va mourir.

D'un saut, la grande Hélène fut à la fenêtre.

— Et tout notre monde autour! gronda-t-elle. J'en étais sûre! qu'il tombe un chat du toit, les voilà en vacances... Tout mon monde, jusqu'à Nicaise!

Le fatout était là, en effet, et soutenait la tête

d'un pauvre diable dont le corps inanimé s'étendait sur le gazon.

— Demoiselle, dit-il, il est évanoui.

— Quelque ivrogne !... commença Hélène.

— Il est entré par la haie, poursuivit Nicaise. On voit encore le trou.

— Quelque voleur !

Les gens qui faisaient foule autour de l'homme évanoui murmurèrent.

— A la carriole ! vociféra Hélène. Je ne suis pas chez moi, ici. C'est affaire aux gens de l'auberge de se montrer charitables s'ils veulent... Mais ils ne m'écoutent pas ! saperlotte ! tas de nigauds, montez-moi ce vagabond ! J'aurai plus tôt fait de m'en occuper moi-même !

Mariole se jeta dans ses bras, elle la repoussa si rudement que la fillette faillit tomber à la renverse. Nicaise disait avec orgueil aux gens du dehors :

— V'là comme elle est, la demoiselle ! Ah ! dame ! ceux qui ne la connaissent point la prendraient pour une louve enragée, des fois qu'il y a... Doucement! il n'est pas mort! il est encore chaud, toujours !... On y va, demoiselle... Montons-lui le blessé proprement. Et laissez-moi passer le premier, car elle casserait la tête à quelqu'un.

VI

COMMENT LE CHEVALIER DE SAINT-GEORGES SE MIT ENFIN EN ROUTE POUR LA POSTE DE NONANCOURT

Hélène Olivat se promenait à grands pas dans sa chambre, la face rouge et les sourcils froncés.

— Toujours des histoires ! grommelait-elle. Les autres ! les autres ! c'est la grêle ! ce vagabond ne m'est de rien ! et le temps passe ! et M. Ledoux va revenir ! et je n'aurai pas mes vingt mille livres... parce qu'il a plu à un va-nu-pieds de percer une haie !...

— Sœur, interrompit Mariole, le voilà qui monte. Faut-il ouvrir ?

— Va-t'en ! ah mais ! ne m'affonte pas : On te dit de t'en aller ! et plus vite que ça !

Les larmes vinrent aux yeux de Mariole.

— Va-t-en si tu ne veux pas être battue ! s'écria la grande fille avec fureur.

Des pas piétinaient sur le carré. Elle alla ouvrir elle-même et débuta ainsi :

— Tas de gueux, qu'est-ce qui va atteler ma carriole ?

— Demoiselle... voulut dire Nicaise qui arrivait bravement le premier.

Elle leva la main sur lui, mais elle vit le blessé pâle, qui était porté par quatre hommes, et sa main retomba.

Derrière le blessé venait Jolicœur, le postillon, parmi les gens de l'auberge. Il échangea un regard avec Mariole, qui se faisait toute petite dans un coin. Ce fut contre Jolicœur que la colère d'Hélène se tourna,

— Vous, bel homme, dit-elle vous m'avez l'air d'un mauvais sujet, vous ne ferez pas de vieux os chez nous, c'est mon idée. Trente sous d'amende, et pas de réplique !

On introduisit le blessé qui avait son pourpoint ouvert, et dont la chemise était tachée de rouge. Hélène détourna les yeux. Elle voulait rester fâchée.

— Demoiselle, murmura humblement le fatout, on dirait qu'il ouvre les yeux.

— Je m'en moque ! répondit Hélène qui ajouta presque aussitôt en rudoyant un des porteurs :

— Ne le secoue pas comme ça, toi ! bourreau, n'as tu jamais touché un homme en peine ?

D'un bras vigoureux et sans aide, elle arracha deux matelas du lit et les étendit par terre, contre la muraille, de façon à ce que leurs extrémités relevées pussent servir de dossier.

— V'là comme elle est ! dit Nicaise aux assistants émerveillés.

Pendant qu'elle avait le dos tourné, Jolicœur se pencha sur le blessé.

— Sire, dit-il rapidement, vous m'entendez, n'est-ce pas? Votre blessure est légère, je l'ai déjà examinée. Il faut que votre Majesté parte cette nuit, il le faut...

— Que faites-vous là, vous? s'écria Hélène en revenant. Vous ne me plaisez pas, monsieur Jolicœur!

Mariole trembla; Nicaise espéra. Tous deux pensaient que le beau postillon allait être renvoyé séance tenante. Mais la grande Hélène ne songeait déjà plus à Jolicœur, qui s'était mis prudemment à l'écart.

— Allons! dit-elle, en parlant du blessé, déposez-moi ce vagabond sur le matelas. Doucement! entendez-vous? Mais doucement donc, imbéciles!... Et rangez-vous de ma route! Plus vite que ça!

Elle s'agenouilla auprès du lit improvisé et ouvrit la chemise avec une délicatesse infinie.

Mais aussitôt elle se rejeta en arrière avec un rire méprisant et s'écria :

— Voilà bien du tintoin pour une égratignure !

— C'est le froid... murmura le blessé.

— Tiens ! tiens ! il parle... Appelez maître Daniel. Qu'on lui fasse un lit bien chaud, et puis tout sera dit. S'il le faut, je payerai.

Elle allait se relever, quand la main du blessé la retint.

— Bonne dame... commença-t-il.

— Je ne suis ni bonne, ni dame! dit rudement Hélène.

Elle ajouta en elle-même, ricanant tout haut, mais non point de bon cœur :

— C'est au chevalier de Saint-Georges qu'il faudra demander demain soir si je suis bonne !

— Faites retirer ces braves gens, je vous prie, poursuivit le blessé.

— Pourquoi ça ? demanda Hélène.

— Je voudrais vous parler en particulier...

— Sœur, dit Mariole derrière elle, tu vois bien que c'est un gentilhomme !

— Je ne m'embarrasse pas des gentilshommes, répliqua Hélène durement. Mêle-toi de ce qui te regarde, petiote.

Elle jeta pourtant un coup d'œil sur le blessé. Voyant cette noble figure si pâle et ce regard si doux, elle grommela :

— Un fou, qui s'est battu en duel, sûrement !

— Il s'agit de vie et de mort ! dit le blessé suppliant.

Hélène hésita, puis, consolée par la satisfaction qu'elle avait de molester ainsi l'assistance curieuse, elle s'écria :

— Messieurs et dames, faites-moi l'amitié de déguerpir. Et vite ! chacun chez soi !

— C'est un crin que c'te femme-là ! dit une servante.

Mariole voulut se rapprocher de sa sœur ; mais Jolicœur, le postillon, mit un doigt sur sa bouche, et la fillette docile s'éloigna comme les autres.

— Et qu'on rattrape le temps perdu! ordonna Hélène. Nous n'allons pas causer longtemps nous deux le gentilhomme. Dans un quart d'heure le départ, montre à la main, ou je me fâche tout à fait.

— Qu'est-ce que vous me chantez, vous, reprit-elle en se tournant vers le blessé, qu'il s'agit de vie et de mort. Pour qui?

— Pour moi, madame, je suis étranger...

— Il fallait rester dans votre pays!

— Hélas! madame!... si Dieu avait voulu!...

— Bon! voilà Dieu qui s'en mêle! c'est vrai qu'il se mêle de tout.

Elle s'était agenouillée de nouveau, et à l'aide de son mouchoir déchiré, elle avait pansé, avec une singulière adresse, la blessure qui était, en réalité, fort légère. Par-dessus l'appareil elle referma la chemise. Le blessé poursuivait :

— Non-seulement étranger, mais traqué...

— C'est bon ! gronda-t-elle, la main sur son pouls, vous êtes bavard, l'ami. Cela ne vaut rien pour la fièvre que vous avez.

Elle lui passa un bras autour du cou, pour le ramener dans une position commode. Mariole dans la chambre des enfants, Nicaise sur le carré, la regardaient à la dérobée, et avaient tous deux des sourires mouillés.

— Bigre de bigre : pensait le fatout, je voudrais être malade, pour qu'elle me soignerait de même !

— Je vous en prie, madame, implora le blessé, ne me livrez pas !

— Le livrer ! gronda Hélène, moi ! voilà qu'il a le délire !

— J'aurais pu partir... Mais j'ai voulu embrasser ma mère encore une fois...

Elle ôta son châle qu'elle étendit sur lui.

— Sa mère ! répéta-t-elle. Il est tout jeune. C'est quelque déserteur... Mettez vos deux mains dans mon giron, l'enfant.

— Que Dieu vous donne tout le bonheur que vous méritez, madame !

— Comme c'est doux, ces voix de nobles ! dit-elle. Ça ne s'enroue pas à crier. Il me fait pitié, moi, ma parole !

— Si je reste dans cette auberge après votre départ, reprit l'étranger, car je crois avoir compris que vous partiez...

— Et tout de suite, mon garçon !

— Si je reste...

— En conscience, dites donc, je ne peux pourtant pas vous emporter avec moi !

Elle se mit à rire à l'absurdité de cette supposition.

— Alors, murmura le blessé, je suis perdu.

— C'est fait, demoiselle, dit le fatout à la porte du carré. Les chevaux sont à la carriole.

— Sœur, nous sommes tous prêts, ajouta Mariole de l'autre côté.

Hélène songeait, et ses sourcils étaient froncés.

— Placez toujours la tante Catherine et les petits, répliqua-t-elle, de façon à ce qu'ils ne me gênent pas surtout. J'aime mes aises. Poupette, mes souliers fourrés !... Vous, tenez bon vos jambes, cadet.

En deux tours de main, elle enleva les bottes de l'étranger.

— Voilà, sœur, dit Mariole qui apportait les souliers, doublés de pelleterie.

— Chausse-lui cela, princesse... Mon manteau, Nicaise ! et ma peau de mouton.

— Voilà, demoiselle.

— Entortille-le là-dedans... Non ! laisse ! les hommes sont maladroits !

— Eh bien, eh bien ! dit Nicaise stupéfait, et vous !

— Pas de réplique !

Mariole souriait au sourire de Jolicœur, demi-caché dans l'ombre du carré en admirant le cœur de cette bienfaisante bourrue.

8*

— Vous aurez froid, demoiselle, insistait le fatout.

— Coupe ta langue, toi !

— Oh ! merci, merci, madame ! voulut dire Jacques Stuart profondément ému.

— Vous, la paix ! Est-ce que vous croyez que c'est pour vous ? Si je vous laissais ici, ça me taquinerait le long de la route... et je veux faire un bon somme. Vous saurez que je ne fais rien pour les autres, dites donc !

— Ça, c'est vrai ! déclara le fatout avec une ironique emphase. N'y a pas beaucoup d'égoïstes comme la demoiselle, trébigre !

— Voilà le vin sucré, annonça la servante.

Hélène attendit qu'elle fût partie pour présenter la tasse au blessé.

— Buvez, fit-elle.

Et comme il hésitait, elle ajouta sévèrement:

— On vous dit de boire ! allons !

Elle porta elle-même la tasse aux lèvres de Jacques Stuart, murmurant pendant qu'il buvait:

— Ça va vous réchauffer le cœur, jeunesse ! Vous autres, quatre bonnes paires de bras ! Qu'on me prenne ce garçon-là gentiment... Y êtes-vous ?... gentiment, on vous dit !

Pendant qu'on soulevait, le blessé murmura :

— Madame, comment vous témoignerai-je ma reconnaissance !.

— En vous taisant, fanfan ! Trop parler cuit !... Gentiment, vous autres !

Elle suivit les porteurs qui descendaient l'escalier avec précaution. Au bas de l'escalier, Joli-cœur glissa à l'oreille du prince :

— Lady Stuart et tous nos amis sont prévenus.

— A tes chevaux, bel homme ! cria Hélène, et rattrape-toi ! Coquins, vous me cahotez mon vagabond comme si c'était un paquet de linge sale !

Des deux mains elle soutint la tête du blessé par derrière, et la procession arriva ainsi dans la cour, où la carriole attendait.

— La demoiselle Olivat ! demanda une voix dans la salle commune des Trois-Rois.

Le postillon Jolicœur, qui tenait un coin du matelas, tressaillit à cette voix et le blessé devint plus pâle.

— On y va, monsieur Ledoux, répondit Hélène. Montez à ma chambre, on y va.

Elle ajouta entre haut et bas :

— Décidément, l'affaire du chevalier de Saint-Georges est dans le sac ! Voilà les vingt-mille livres qui arrivent !

On était auprès de la carriole tout attelée.

— Vous allez me fourrer ce garçon-là, ordonna Hélène, dans mon coin, au fond, avec mon oreiller derrière le dos, et mon capuchon sur la tête...

— Bigre de bigre ! gronda Nicaise. Ça va bien !

— Ma couverture sur ses genoux, poursuivait Hélène, et mon coussin sous ses pieds.

— Ah ça, ah ça ! s'écria Nicaise en colère, et vous, demoiselle, à la fin ?

— Pas de réplique !... Gentiment

On hissait le blessé dans la carriole.

— Gentiment, on vous dit, bourriques ! S'il pousse une plainte, gare à vous... Là !... ce n'est pas malheureux ! le voilà casé.

M. Ledoux se montrait à la porte du cabaret qui donnait sur la cour.

— Venez, si vous voulez, lui dit Hélène, ça m'évitera de remonter.

M. Ledoux descendit dans la cour. Jolicœur, au contraire, enfourcha lestement son cheval et boutonna son collet de postillon jusqu'à ses yeux.

— Eh bien, demanda M. Ledoux, avons-nous réfléchi, demoiselle ?

La grande Hélène était gaie comme pinson.

— Nous sommes d'accord, répondit-elle. Oui bien, j'ai réfléchi. Je n'ai fait que cela depuis tantôt. Tant pis pour le chevalier de Saint-Georges, quoi donc !

— Alors, vous partez ?

— Comme vous voyez.

— Brûlez le chemin, si vous m'en croyez !

— Tâtez-moi ces chevaux-là, dit Hélène avec orgueil. Monte, Nicaise. Tout notre monde y est-il?

— Oui, demoiselle, repliqua le fatout.

— Et vous êtes sûre de votre postillon? ajouta M. Ledoux.

— Hé ! Jolicœur! cria Hélène, on me demande si je suis sûre de toi !... Je crois bien ! Nous nous connaissons depuis ce soir !

Ledoux se rapprocha d'elle et lui dit tout bas :

— L'autre arrivera chez vous demain soir au plus tard.

— Nous serons là pour le recevoir, monsieur le marquis.

Elle éclata de rire, ajoutant :

— Tout de même, j'ai manqué d'être marquise, moi !

— Il ne faut pas qu'il nous échappe, demoiselle !

— A qui le dites-vous ? Je veux gagner mes vingt mille livres, soyez tranquille !

Elle tendit la main à M. Ledoux qui la serra et marcha vers la carriole. Pendant qu'elle montait, Ledoux jeta un regard à l'intérieur.

— Qui avons-nous là dans le coin ? demanda-t-il avec un vague soupçon.

— Chut ! fit Hélène. C'est un blessé à qui je vais tâter le bras gauche, tout à l'heure.

Ledoux recula d'un pas malgré lui.

— Fouette, postillon ! ordonna Hélène.

Jolicœur ne se le fit point dire deux fois.

— Hie ! bijoux ! cria-t-il en touchant solidement ses deux bêtes.

La carriole s'ébranla.

— Bon voyage, demoiselle, dit Ledoux.

— A vous revoir, monsieur Ledoux, portez-vous bien !

— Jeunesse, reprit Hélène au moment où la carriole cahotait déjà sur le pavé de Saint-Germain, je vais le faire comme je l'ai dit. C'est une manie que j'ai, ne vous en fâchez pas.

Elle saisit le gras du bras gauche du blessé, et le serra brusquement.

— Vous fais-je mal? demanda-t-elle.

— Ma blessure n'est pas là, répondit Jacques Stuart.

— Alors, dormez tranquille ! Et qu'on se taise ici autour. Nous n'alllons faire qu'un somme jusque chez nous... Bonsoir, les voisins !

Elle se fit une large place aux dépens de tous, respectant seulement le blessé. Bientôt, on l'entendit ronfler, puis l'étranger tressaillit dans son coin, parce qu'elle murmurait en rêve :

— Oui, monsieur Ledoux, j'accepte les vingt mille livres, c'est entendu,... et tant pis pour le chevalier de Saint-Georges !

VII

COMMENT LE VICOMTE DE CHATEAUBRIAND-BRETAGNE
ARRANGEAIT L'AVENIR

Nonancourt, dont le nom obscur a été prononcé si souvent dans ces pages, ce lieu qui occupait tant de place dans les rêves de mylord ambassadeur, de mein herr Roboam et de M. Ledoux-Gadoche, marquis de Romorantin, était alors et est encore une toute petite ville du département de l'Eure, située sur la route de Dreux à Evreux. Je ne pense pas que rien au monde se soit passé à Nonancourt, excepté les événements tragi-comiques qui vont être ici racontés.

L'hôtel de la poste n'était point dans la ville. On le trouvait à un fort quart de lieue des dernières maisons, vers le sud, à une étoile formée par quatre chemins sur les bords de la petite rivière d'Avre. C'était un assez grand logis d'aspect triste, bâti en bonnes pierres de taille et contenant de vastes appartements. Ses croisées regardaient de vertes campagnes bien cultivées où l'Avre dessinait ses festons d'aulnes et de saussaies. Les quatre chemins, dont deux étaient routes royales, donnaient à l'étoile huit branches irrégulières qui allaient écartant leurs longues rangées d'arbres au travers des prairies.

La Normandie est un bon pays, fertile en procès, riche en gens de loi. On y reteignait déjà les vaches volées, on y grimait dès lors, comme les comédiens se font au théâtre le visage qu'ils veulent, les bœufs trop âgés. Le maquignonnage, à l'endroit des chevaux surtout, y atteignait les proportions d'une science. Trois maîtres de poste, successivement, s'étaient ruinés à Nonancourt, grâce aux coquineries des maquignons et aux procès des bons voisins ; car, dans ce paradis normand, les gens qui nous pillent demandent encore des dommages-intérêts pour leur peine.

La grande Hélène savait tout cela, mais, jarnicoton ! elle avait bien promis de mettre la Normandie au pas.

Il était trois heures de l'après-midi environ, le lendemain du départ de Saint-Germain-en-Laye. Postillon et chevaux avaient fait vaillamment leur devoir. La grande Hélène était arrivée au matin avec armes et bagages, regardant d'un œil conquérant ces gars au pas mou, à la pose indolente, à la physionomie bête et futée, qui allaient, les mains dans leurs poches jusqu'au coude, et ces fortes filles rougeaudes, coiffées du casque à mèche ni plus ni moins qu'un vieux bourgeois de Paris en toilette nocturne.

Avant que la carriole fût déchargée, dans la

cour de la poste, la grande Hélène s'était déjà montrée. Elle avait bousculé trois gars et poussé une fille : en tout quatre citations devant M. le bailli.

Ayant ainsi débuté, la grande Hélène avait été se mettre au lit, non point, cependant, sans s'être occupée de son protégé, gentilhomme ou vagabond, à qui elle avait fait donner la meilleure chambre de la maison.

En l'absence de la demoiselle, le gouvernement resta partagé entre le fatout et Mariole. Les choses n'en allèrent pas beaucoup plus mal, et à l'heure que nous avons dite, trois heures de relevée, tout était en ordre ou à peu près. Le fatout gagna la cuisine pour mettre les fourneaux en train ; Mariole monta à sa chambre.

Nous ne savons trop comment dire cela, mais la grande Hélène était bien plus près de la vérité qu'elle ne le croyait elle-même : au sujet de Mariole. Il n'y avait plus de poupette ; Mariole était une demoiselle ; depuis quinze jours qu'on avait quitté Bar-le-Duc, Mariole avait beaucoup changé.

Dans ce court espace de temps, l'enfant s'était épanouie femme, tout en gardant à de certaines heures, comme une habitude qui ne se perd pas tout d'un coup, les grâces naïves du premier âge.

Elle s'était toujours montrée douce et pieuse, mais elle était maintenant plus sévère et plus réservée dans sa mise et pourtant ses cheveux blonds obéissaient bien mieux à sa main qui plus habilement les relevait. Ses yeux timides, malgré leur franchise, se baissaient plus souvent et autrement que jadis. Toute sa personne inspirait un respect nouveau.

Elle riait toujours autrefois. Maintenant, vous l'eussiez surprise souvent pensive, et il y avait de graves mélancolies jusque dans son sourire.

En entrant dans sa chambre inconnue qui ne lui rappelait aucun souvenir, Mariole se sentit triste jusqu'à pleurer. Un sentiment d'isolement profond la saisit, elle n'eût point su expliquer pourquoi. N'avait-elle pas en effet toujours cette femme excellente qui lui avait servi de mère ? Aucun de ceux qu'elle était habituée à voir ne manquait. Le Lion-d'Or tout entier avait déménagé en caravane. Derrière le mur de la pièce voisine, les petits jouaient et la tante Catherine grondait.

Elle regarda ces meubles étrangers, ce lit aux rideaux de serge sombre, ce miroir pendu à la froide muraille, et elle alla vers sa ruelle où était un crucifix. Elle s'agenouilla ; elle pria. Elle ne pria pas longtemps parce que, aujourd'hui, la prière ne la reposait point. Elle s'étonna de cette sécheresse ou de ce malheur et se relevant, elle dit sa peine au Sauveur dont elle baisa les pieds longuement.

Elle prit son ouvrage, une collerette qu'elle brodait pour Hélène ; elle s'assit auprès de sa fenêtre ; mais, au lieu de broder, elle songea. Ses yeux suivaient la ligne des peupliers, si hauts près de la maison et qui allaient s'abaissant dans le lointain. Il y eut un moment où elle ne vit plus la monotone perspective, parce que ses yeux étaient remplis de larmes. Pourquoi ces larmes ?

Sa broderie s'échappa de ses mains. Il y avait un livre d'heures sur l'appui de la croisée. Elle l'ouvrit. Ce n'était pas pour lire; car les lettres dansaient et miroitaient à travers les perles humides qui pendaient encore à ses longs cils.

— Je deviens folle ! dit-elle. Je ne puis penser qu'à cela !

Elle eut un mouvement de colère, puis, soudain, parmi ses larmes, un sourire brilla. Elle songeait au temps où elle avait coutume de consulter son livre d'heures pour savoir s'il ferait soleil les jours de promenade.

Ce n'était pas un almanach, pourtant, son livre d'heures. Mais on tire au sort, quand on est enfant, à la plus belle lettre, c'est le mot technique. On dit d'avance : A droite pour le ciel bleu, à gauche pour les nuages gris qui amènent la pluie, et l'on pique une épingle dans la tranche du pieux volume.

Là où l'épingle a piqué, il faut ouvrir sans tricherie. La première lettre de la page de droite compte pour le beau temps, la première lettre de la page de gauche annonce l'orage. Laquelle est la plus forte ? Cela suit l'ordre de l'alphabet. A est le meilleur, Z est le pire.

Allez, cela trompe souvent, mais cela ne trompe pas plus que les prédictions de messieurs tels et tels qui sont de grands philosophes. Et c'est bien moins fatigant que d'écouter messieurs tels et tels.

Donc, Mariole, l'ancienne poupette, passée demoiselle, prit une épingle à son fichu et la piqua dans la tranche de son livre d'heures. Avait-elle donc si grande envie de savoir le temps qu'il ferait demain ? Son œil brillait, il y avait du rose à sa joue tout à l'heure si pâle.

— A droite pour oui, déclara-t-elle consciencieusement,

Mais avant d'ouvrir, un nuage de tristesse plus sombre se répandit sur son beau front.

— S'il allait dire non ! pensa-t-elle.

Lui, l'oracle !

Il ferait de la pluie. — Hélas ! hélas ! la pluie qui tombe du cœur ! les larmes silencieuses ! Il ne s'agissait, en vérité, ni de soleil, ni de nuages !

— Eh bien, dit-elle d'un petit ton vaillant, s'il répond non, tout est fini ! Je préfère savoir une bonne fois qu'il n'a pas dit la vérité !

Ces phrases ne sont pas toujours construites selon les lois de grammaire. IL était d'abord l'oracle ; maintenant IL était notre ami Raoul, le postillon Jolicœur, M. le vicomte de Châteaubriand-Bretagne.

Qu'importe la grammaire, bon Dieu !

Mais comment pouvait-elle douter de Raoul ! de Raoul si grand, si généreux, si loyal et qui avait promis sur la sainte médaille d'Auray ?

Ecoutez. En conscience, malgré tout ce que valait le bon Raoul, il y avait bien de quoi douter et même de quoi avoir peur. Une fille d'auberge demandée en mariage par un vicomte, héritier pour un peu des ducs souverains de Bretagne, c'est difficile à croire, en dépit de la chanson qui marie les rois avec les bergères !

Aussi Mariole consulta à droite pour oui, à gauche pour non !

Sa petite main tremblait. Elle ouvrit pourtant le volume fatidique.

La tranche se fendit par moitié, montrant deux pages couvertes de versets latins.

— C'est oui ! dit une voix joyeusement émue.

Ce n'était pas la voix de Mariole qui referma le livre, toute confuse, mais si heureuse !

— M. Raoul ! dit-elle; Comment êtes-vous entré ici ?

Comment, en effet? Raoul avait ouvert la porte, Raoul avait traversé toute la chambre, sans éveiller l'attention de Mariole. Et il portait ses grosses bottes de postillon encore ! Comprenez-vous cela ? Il fallait que Mariole fût bien occupée de son oracle !

— Un B à droite : dit-il au lieu de répondre. Bonheur !

— Vous m'avez fait peur ! murmura-t-elle. Puis elle ajouta.

— Fi ! que c'est mal !

— Avez-vous bien le cœur de me gronder ? répliqua Raoul, sérieux cette fois. Douter de moi ! Interroger des sorts !...

Il s'interrompit et prit le même accent qu'elle pour répéter :

— Fi ! que c'est mal !

Elle baissa la tête en silence.

— Aussi reprit Raoul, le livre d'heures vous a bien dit votre fait !

— Ce sont des folies et je me repens, murmura-t-elle.

— S'il avait répondu non, vous l'auriez cru, Mariole ?

— Peut-être...

Elle releva sur lui ses yeux mouillés.

— J'ai beau faire, prononça-t-elle lentement, nous sommes trop loin l'un de l'autre, monsieur Raoul. Je ne crois pas !

— Que faut-il donc vous dire ?...

— Oh ! rien... Je ne doute pas de vous... si je doutais de vous, aurais-je contribué comme je l'ai fait à tromper ma sœur Hélène et à vous mettre dans sa maison ?

— De quoi doutez-vous donc, Mariole ?

— Des événements, Raoul... Il y a des choses qui sont impossibles.

— Nous serons plus forts que les événements, et il n'y a point de choses impossibles quand Dieu les veut. Comprenez-moi bien, Mariole, car je ne veux pas que vous ayez un remords. Il me semble que le remords seul flétrirait la pure fleur de votre conscience. Vous n'avez pas, comme vous le dites, trompé l'excellente femme qui vous a servi de mère, non ; car si elle pouvait être éclairée, Hélène Olivat, brave et noble comme je la connais, serait aussi avant que nous dans les intérêts d'un prince malheureux. Pensez-vous, Mariole, que votre sœur prendrait le parti du crime lâche et perfide contre l'infortune si héroïquement supportée ?

La jeune fille secoua la tête.

— Ma sœur est bonne, dit elle ; mais il y a de terribles choses entre elle et ceux qui servent le chevalier de Saint-Georges. N'essayez jamais de lui confier vos secrets !

— Je ne l'essayerai pas, puisque tel est votre conseil. Nous sommes si près du but, désormais, que nous pouvons nous passer de toute aide nouvelle. Quatre relais de six lieues nous séparent seulement de la mer. La blessure du prince ne peut l'empêcher de monter à cheval. Ne soyez pas indifférente à tout ceci, Mariole...

— Puis-je être indifférente à rien de ce qui vous touche ?

— Vous ne le pouvez ni ne le devez, bien aimée Mariole, répondit Raoul d'un accent pénétré.

Mais laissez-moi vous expliquer comment ces choses vous intéressent bien plus directement encore que vous ne le pensez. Je ne veux point vous faire entrer dans ma famille par cette mauvaise porte qu'on ouvre violemment. Je ne veux point causer de peine à mon père et à ma mère. Ma tendresse pour vous est un sentiment pieux qui ne va contre aucun de mes devoirs. Je vous ai parlé déjà d'un projet qui vous a semblé un rêve...

— Oui, dit-elle, un beau rêve !

— Vous n'avez pas voulu vous voir vous-même, Mariole, entrant dans la maison de Châteaubriand comme l'égale du père et de la mère qui vous y recevront à bras ouverts.

— Je l'aurais voulu, Raoul, je ne l'ai pas pu. Je sais ce que je suis...

— Savez-vous ce que vous serez? J'ai travaillé, depuis le jour où je vous parlai de ce projet pour la première fois, et vous aussi, vous avez travaillé, Mariole.

— Moi !

— Lady Mary Stuart de Rothsay sera ici dans quelques heures, celle que vous nommez la Cavalière...

Le regard de la jeune fille demanda quel rapport il y avait entre la Cavalière et les difficultés insurmontables de son mariage avec Raoul. Celui-ci sourit et poursuivit :

— Mylord baron Douglas la suivra de près. Mary Stuart et le baron Douglas, dont le dévouement au dernier des Stuarts est une religion, savent déjà que, sans vous, notre entreprise aurait eu à Saint-Germain un dénoûment funeste. Depuis hier, Mariole, votre sœur Hélène et vous, vous avez deux fois sauvé la vie du roi.

— Ma sœur ne sait pas... commença la jeune fille.

Raoul l'interrompit d'un ton presque solennel.

— Si le roi reprend son royaume, dit-il, nous n'aurons pas besoin d'un autre protecteur que le roi. Si Dieu ne veut pas rendre la couronne au fils de Stuart, lady Mary et Douglas payeront sa dette, je le sais désormais, j'en suis sûr, j'ai le droit de l'affirmer ; lady Stuart est la plus noble des femmes et Douglas n'a jamais menti !

Elle écoutait, charmée, mais il lui semblait toujours entendre quelque merveilleuse féerie, et un si grand espoir avait peine à entrer dans son cœur.

— De sorte que, quoi qu'il arrive, acheva Raoul, dans quelques semaines je viendrai prendre par la main ma fiancée Mariole, qui sera la fille adoptive d'un lord, qui sera lady Mary Douglas de Glenbervie, et je la conduirai dans la vieille maison de mes aïeux. Là, elle sera reine et maîtresse, l'idole de son mari, la joie de deux nobles vieillards qui l'appelleront leur fille... Et comme ils vous aimeront, Marie, quand je leur dirai : Voici celle qui m'a enseigné l'espoir et la foi. Je menais la vie des écervelés de ce siècle qui semble ne plus connaître ni morale, ni Dieu,

J'allais, découragé, ayant tout connu et tout méprisé. Je m'étais jeté dans une entreprise généreuse, il est vrai, mais désespérée, pour remplir le vide de mon intelligence et de mon cœur. Je me croyais mort à tout ce qui est bon, sage et saint...

— Oh! Raoul! murmura-t-elle, étiez-vous si malheureux?

— Lorsque, sur mon chemin, poursuivit le jeune vicomte qui joignit les mains, je rencontrai un ange de pureté, une chère âme, si sainte et si candide, qu'à sa vue mon cœur retrouva la religion de son passé ; un ange, j'ai bien dit: un ange que j'admirai, que j'aimai comme on espère, comme on croit et qui m'agenouilla aux pieds de Dieu!

Un grand bruit se fit dans la cour et sembla trouver de retentissants échos dans l'intérieur de l'hôtel.

— Sainte Vierge ! s'écria Máriole effrayée, ma sœur Hélène ! elle va venir !

Raoul s'enfuit. Dès qu'elle fut seule, elle courut à son lit et se prosterna devant l'image sainte, murmurant une prière où débordait son pauvre cœur.

— Bonne Vierge ! dit-elle, ô bonne Vierge ! Si ce n'était pas vrai, maintenant, je mourrais ! Protégez-moi, sainte Vierge, ma divine patronne, et délivrez-nous de tout mal !

Quand Raoul fut dans le corridor, il vit bien que le réveil de la terrible Hélène, si bruyant qu'on dût l'attendre, n'était point la cause de tout le fracas qui emplissait la maison de poste. Par la fenêtre de l'escalier, il jeta un regard dans la cour où un officier du roi, escorté par une douzaine de cavaliers, faisait le diable. Raoul reconnut l'uniforme d'Auvergne-cavalerie, et M. le marquis de Crillon, le même précisément dont Piètre Gadoche avait lancé le nom effrontément aux gardes de la porte de la Conférence, cette nuit où Jacques Stuart avait voyagé de Paris à Saint-Germain, sous une escorte de voleurs, déguisés en soldats du roi.

M. le marquis donnait ses ordres et faisait installer pour ses cavaliers un dortoir sous la remise.

Raoul fut inquiet. Jusque-là, les troupes régulières de M. le régent n'avaient pas pris, en apparence, du moins, une part active à la chasse qu'on livrait au prétendant fugitif.

M. le marquis de Crillon était assurément un noble jeune homme, mais ceux qui portent l'uniforme dépouillent leurs propres sentiments pour obéir à une consigne. Or, chacun savait bien, en ce temps, que le régent de France n'avait rien à refuser au roi d'Angleterre qui le tenait dans sa main. Cela était menaçant.

Raoul était seul ici pour garder le chevalier de Saint-Georges qui dormait, harassé de fatigue, dans le lit bien bassiné où la grande Hélène avait fait mettre un renfort de matelas. Car la grande Hélène n'y allait jamais de main morte. Elle était folle de son protégé à présent et le soignait à tire-larigot.

Raoul gagna le rez-de-chaussée, rétablissant en chemin les détails un peu dérangés de sa toilette de postillon. Il comptait traverser la salle-basse avant l'entrée du capitaine, et gagner l'autre escalier qui donnait accès à l'appartement de Jacques Stuart.

Comme il arrivait à la porte, un bruit de voix l'arrêta. Ceux qui portent sur leurs épaules la charge qu'il avait ont le droit et le devoir d'agir en dehors des communes convenances. Il mit son œil à la serrure. Nicaise, le fatout, servait à boire à deux gaillards que Raoul reconnut du premier coup, quoiqu'ils fussent assez bien travestis. C'était Rogue, l'ancien boiteux, orné d'un fort emplâtre sur l'œil droit, et le juif Salva, devenu blond, sous une large perruque qui tirait vers le roux.

Ceux-là, Raoul ne les savait que trop par cœur. Il sentit la responsabilité qui pesait plus lourdement sur lui. Nonancourt, tout l'indiquait depuis le commencement du voyage, était le lieu fixé par les ennemis du prince pour un dénoûment fatal. Et par un contre-temps qui pouvait avoir, dans quelques minutes peut-être, de sinistres conséquences, le bataillon fidèle restait en arrière. Aucun des amis de Jacques Stuart n'était là.

Fallait-il seller deux cheveaux et fuir? Mais comment? l'arrivée des gens du roi apportait un embarras nouveau. Et Jacques Stuart, blessé, pourrait-il supporter une course désespérée?

Comme Raoul songeait ainsi, deux autres personnages entrèrent dans la salle basse, et leur aspect n'était point fait pour calmer les anxiétés du jeune vicomte. L'un était un inconnu à la figure intelligente, mais mauvaise et comme dégradée; l'autre, paraissant malade, exténué par la souffrance ou par la fatigue, était M. le marquis de Romorantin, l'âme damnée du Hollandais Roboam Boër : en réalité, maître Piètre Gadoche, appuyé sur le bras de son médecin ordinaire, le docteur-bandit Saunier. Raoul eut froid dans ses veines.

Piètre Gadoche traversa la salle basse d'un pas chancelant. Il répondit à peine à la bienvenue que lui offrait notre ami Nicaise qui, si volontiers, lui aurait tordu le cou.

D'un geste impérieux, il montra la porte aux deux coquins subalternes, Rogue et Salva qui se levèrent de table aussitôt.

— Je veux voir à l'instant, dit-il, la demoiselle Olivat, titulaire de ce bureau de poste. Je le veux au nom du roi !

Raoul, qui avait déjà fait un pas pour s'éloigner, resta.

VIII

COMMENT NICAISE, LE FATOUT, ÉCOUTAIT, LUI AUSSI, AUX PORTES

Raoul resta, non pas seulement parce qu'il avait besoin de savoir ce qui allait se passer ici, mais encore parce que le geste de Gadoche, congédiant le juif et le boiteux, avait eu pour lui une signification vaguement rassurante. Ce geste avait désigné la cour extérieure, avant de montrer la porte par où les deux coquins devaient s'esquiver. Ce geste semblait dire, en un mot : il ne faut pas que les soldats du roi vous voient.

Et certes, malgré tout, il y avait, il devait y

avoir une très-grande différence entre les intentions de mylord ambassadeur et celles de Philippe d'Orléans, régent de France.

Raoul songeait déjà au parti qu'il pourrait tirer d'Auvergne-cavalerie, en cas de suprême danger.

— Tout de même, monsieur Ledoux, disait Nicaise dans la salle basse, d'un air bien aimable et presque joyeux, vous voilà blême et faible comme si vous étiez pour faire une maladie... et la mort au bout, que Dieu vous bénisse !

— M'as-tu entendu ? répliqua Gadoche rudement. La maîtresse de poste, ici, sur-le-champ !

Nicaise se rapprocha de lui en grattant tour à tour ses deux oreilles.

— La demoiselle dort un tantinet, monsieur Ledoux, répondit-il en souriant agréablement. Elle a dit comme ça : Si le tonnerre tombe sur la maison, laissez faire ! En cas que vous auriez tout à fait envie de lui causer, faut aller la réveiller vous-même... Mais v'là que vous tournez vos yeux pour vous trouver faible, tenez, monsieur Ledoux ! Ça a l'apparence que vous êtes bien bas !

Le docteur Saunier entoura de ses bras Gadoche, qui chancelait, en effet.

— Ce poison ! murmura le bandit entre ses dents serrées. Il y en avait, sous les doigts du mort, aussi vrai que je vous vois là devant moi, Saunier. Je le sens. Partout où les cinq ongles ont touché, je brûle !

— Quoi que vous marmottez donc comme ça, monsieur Ledoux ? demanda candidement Nicaise. Battez-vous la campagne. Faut-il vous mieller une pinte de vin pour deux ?

— Le mieux est de prendre une chambre, dit tout bas Saunier : un bon pansement et quelques heures de sommeil arrangeront tout.

— De l'eau ! dit Gadoche. Un peu d'eau !

Quand il eut mouillé ses lèvres dans le verre, il se redressa.

— Approche ! ordonna-t-il.

Nicaise vint à l'ordre de bonne grâce.

— Penche-toi ! commanda encore Gadoche.

— Pas pour vous embrasser, toujours, monsieur Ledoux ! dit Nicaise. Je crains trop les fièvres.

M. Ledoux demanda tout bas :

— Est-il arrivé ?

— Hein ? fit Nicaise. S'il est arrivé ?...

— Tais-toi !

Mais sa question, répétée à haute voix par le fatout, était parvenue jusqu'aux oreilles de Raoul, de l'autre côté de la porte.

— Arrivé qui ? reprit Nicaise. Arrivé quoi ?

— Le prince.

— Quel prince ?... Ah ! mais, ah ! mais, vous me feriez croire que j'ai la berlue, vous, monsieur Ledoux, à moins que ça soit vous !

— Brute ! s'écria Gadoche avec une maladive colère, réponds, ou je te casse la tête d'un coup de pistolet.

— Tiens ! tiens ! dit Nicaise, imperturbable ;

des pistolets ! vous, monsieur Ledoux ! c'est drôle, dites donc. Vous portez des pistolets, à présent ! Depuis quand ?

Le docteur toucha le coude de Gadoche qui se mordit la lèvre.

— C'est drôle, répéta Nicaise qui le regardait attentivement. Quoiqu'on dise que je suis une poule mouillée, je n'ai point peur de vos pistolets, da ! C'est peut-être aussi parce que vous avez l'air d'un quelqu'un qui veut trépasser...

— Maraud !

— J'entends qui va s'en aller. Pardon excuse, monsieur Ledoux. Quant à ce qui est du prince, comment qu'il est fait de son corps ce prince-là, hé ?

Manifestement le fatout ne savait rien ; mais la tournure bavarde que prenait l'entretien pouvait amener à chaque instant un malheur. Raoul retenait son souffle pour écouter mieux, et chaque parole prononcée faisait perler de la sueur à ses tempes.

Au moment où il retirait son œil du trou de la serrure pour y placer son oreille, il sentit la pression légère d'une main sur son bras. Il se releva vivement, et, par habitude, sa main chercha une épée à son côté.

Le corridor était sombre ; il vit une forme svelte derrière lui : un adolescent ou une femme, déguisée en cavalier.

— Lady Stuart de Rothsay ! dit-il en un cri de joie étouffé.

Elle posa un doigt sur sa bouche.

— Etes-vous seule ? demanda Raoul.

— Yves et René sont au dehors, répondit-elle ; Douglas Harrington et Drayton viennent d'entrer avec moi. MM. de Lauzan et de Courtenay vont venir... Mais cet homme qui est là a retenu tous les chevaux.

— Quel homme ?

— Cartouche ! prononça lentement la Cavalière.

Il y avait une terrible emphase dans ce nom

qui enflait alors toutes les trompettes de la renommée.

— Cartouche ! répéta Raoul stupéfait.

— Je l'ai reconnu, non pas au visage, car il est admirablement déguisé, mais à la voix. C'est lui qui nous a conduits de Paris à Saint-Germain-en-Laye, sous l'escorte de Royal-Auvergne... Le roi vous demande ; venez.

Elle se glissa le long du corridor et Raoul la suivit.

Les choses prenaient tournure de comédie, et l'idée s'éloignait qu'un homme désormais pût être assassiné dans son lit. Car Royal-Auvergne, le vrai, cette fois, était là dans la cour, et le vrai marquis de Crillon ne devait pas être peu disposé à mener rondement l'effronté bandit qui avait jeté son nom aux gardiens de la porte de la Conférence. Les indiscrétions possibles du brave Nicaise perdaient beaucoup de leur importance.

L'entretien se poursuivait cependant entre ce

dernier, Gadoche et le docteur Saunier. Il n'y avait plus personne au dehors pour écouter.

— Le prince est jeune, dit Gadoche, grand, mince, pâle et probablement blessé...

— Tiens, tiens, tiens, tiens ! fit encore Nicaise.

— Tu l'as vu ? s'écria Gadoche vivement.

— M'est avis que vous parlez de celui qu'on appelait chez nous le chevalier de Saint-Georges ?

— Précisément !

— Et qui va toujours, suivi de cette belle dame qui avait nom la Cavalière ?

— Juste ! Il est venu ?

— Attendez donc ! Avec des seigneurs, trébigre ! Et des mylords déguisés en postillons ?

— Il est venu ! s'écria Gadoche. Il est ici !

— Ah ! dame, monsieur Ledoux, dit Nicaise tranquillement, s'il était venu avec sa Cavalière, ses seigneurs et ses postillons, comment que vous voudriez que nous ne l'aurions point vu ?

— Est-ce que tu te moques de moi, misérable ?... commença Gadoche qui se leva.

— Je n'oserais point, monsieur Ledoux, puisque vous avez promis vingt mille livres à la demoiselle !

Disant cela, en toute humilité, le fatout décocha à son puissant rival un regard sournois. Il voulait savoir, ce Nicaise. Il avait, comme les autres, ses petits intérêts.

— Qui est-ce qui t'a dit cela, maraud ? demanda Gadoche hors de garde.

Pour la troisième fois, Nicaise fit :

— Tiens ! tiens ! tiens ! ah ! dame ! ah ! dame !

Puis il devint triste. Gadoche se rassit, grelottant la fièvre.

— Mon garçon, dit le docteur, il faut à ce gentilhomme une chambre et tout de suite.

— Il y a assez de chambres, dit Nicaise.

— Et un bon lit.

— Tous nos lits sont bons, l'homme, chez la

demoiselle. Venez avec moi, si vous voulez, je vas vous conduire et vous loger.

Le docteur Saunier aida Gadoche à se lever. Nicaise prit les devants. Ils atteignirent tous trois le premier étage où Nicaise ouvrit la porte d'une vaste chambre à deux lits. Comme il allait se retirer, Gadoche le retint.

— Garçon, dit-il, retrouvant une voix nette et brève, tu ne me plais pas.

— Ah! monsieur Ledoux! dit Nicaise avec reproche, moi qui suis si tant porté pour vous d'amitié.

— Tais-toi, quand je parle! Tu ne me plais pas, et je n'aurai aucune répugnance à te faire mourir sous le bâton, si tu essayes de me désobéir!

Nicaise pâlit un petit peu. Ce n'est pas tout d'un coup qu'on devient brave comme Bayard. Mais enfin, il ne trembla point de tous ses membres, comme il l'eût fait autrefois, peut-être, avant ses voyages. Gadoche continua :

— Ecoute-moi bien. J'ai déjà fourni au chef palfrenier l'ordre du roi qui me donne droit à tous les chevaux, je les retiens : tous, tu m'entends ? Veille à cela : tu es responsable. Je vais dormir quelques heures. Sous aucun prétexte, aucun étranger ne doit être admis près de moi, fût-ce un officier du roi ou un bailli ; voici mon sauf-conduit : je voyage pour le compte de monseigneur le régent.

Il déplia un large parchemin que Nicaise salua respectueusement, en disant :

— Monsieur Ledoux, c'est dommage que je ne sais pas lire, n'ayant point appris à l'école.

— Tu n'es pas sourd, au moins ?

— Pour ça, non.

— Tu m'as bien compris.

— Pour ça, oui.

— Ecoute encore. Un seigneur étranger va venir : meinherr Roboam Boër...

— Oh ! oh ! pensa Nicaise, le mari de ma comtesse au petit vin blanc.

— Avec sa femme...

— Ma comtesse aussi ! s'écria le fatout malgré lui. J'ai r'eu mon parapluie ! et elle avait de jolis rubans, tout de même !

— Ceux-là, continua Gadoche, tu peux les faire monter près de moi, ainsi que les deux hommes qui étaient en bas tout à l'heure, s'ils me demandent pour affaire pressée.

— Bien mauvaises mines, ces deux-là, monsieur Ledoux, fit observer Nicaise paisiblement.

— On ne te demande pas ton avis. Ecoute encore, et souviens-toi qu'il s'agit de tes deux oreilles ! Si le prince venait...

— Avec sa Cavalière ?... Une belle femme, oui !

— Avec ou sans sa Cavalière, et il doit venir, c'est certain ; tu m'éveillerais sur l'heure.

— Oui, monsieur Ledoux.

— Si quelqu'un voulait user de force pour avoir des chevaux, tu m'éveillerais...

— Sur l'heure, oui, monsieur Ledoux.

— Enfin, quand la maîtresse de la poste aura fini son somme, tu viendras me prévenir.

— Est-ce tout ?

— C'est tout.

— Eh bien, monsieur Ledoux, dit Nicaise, ça s'embrouille dans ma tête un petit peu, mais chaque fois que je serai embarrassé, je taperai à votre porte, pas vrai ? pour vous demander si c'est bien ça.

Gadoche se retourna vers le docteur et murmura d'un accent découragé :

— Je tombe de fatigue et de sommeil !

D'un geste impérieux le médecin montra la porte à Nicaise, qui ne demanda pas son reste et sortit avec un évident plaisir.

A peine était-il de l'autre côté du seuil, dans le corridor, qu'une main vigoureuse le saisit au collet par derrière. Il se retourna et se trouva en face d'un gentilhomme qu'il ne reconnut pas d'abord. Ce gentilhomme lui dit :

— Ami Nicaise, je te préviens que si tu réveilles ce faquin sous quelque prétexte que ce soit, je te casse les deux bras et les deux jambes!

— Aheu! aheu! s'écria le pauvre fatout; mais je ne sais auquel entendre, alors, dites donc!

Puis, tout à coup, regardant mieux le propriétaire de cette bonne poigne qui le tenait au collet :

— Bigre de bigre! fit-il, cet accoutrement-là vous va mieux que la veste de postillon, monsieur Raoul!

— Trouves-tu?... Tu m'as bien entendu ?

— Oh! parfaitement. C'était clair.

— Maintenant, où est la chambre de M. le marquis de Crillon ?

— Le capitaine d'Auvergne? un joli soldat, hé! Il n'a pas encore de chambre, que je sache.

— Va donc le trouver dans la cour.

— Oui, monsieur Raoul.

— Et dis lui que M. le vicomte de Chateaubriand-Bretagne...

— C'est-il votre nom, hein ?

— On le dit, ami Nicaise... Que M. le vicomte de Chateaubriand...

— Bretagne, jarnigodiche !

— Désire avoir l'honneur de l'embrasser sur les deux joues.

— J'y vais...

— Attends ! ajoute que ledit vicomte...

— De Chateaubriand...

— Bretagne, ayant ses raisons pour ne pas être rencontré en costume de ville...

— Parce qu'il joue un rôle de postillon...

— Mon coquin, un mot de plus et je te...

— Assez de menaces comme ça, monsieur Raoul ! interrompit noblement Nicaise. Ça m'ennuie, à la fin, et si j'apprenais à ruer, peut-être bien que je casserais des jambes comme tous les autres ânes ! Expliquons-nous plutôt d'homme à homme, quoi, comme des chrétiens ! Vous n'êtes pas ici pour la demoiselle, pas vrai ?

— Quelle demoiselle ? demanda Raoul qui ne savait trop s'il devait rire ou se fâcher.

— La demoiselle Hélène, s'entend.

Raoul éclata de rire.

— Eh bien ! eh bien! s'écria Nicaise en colère, elle vaut pourtant bien mieux que la poupette, oui! Mais tout ça dépend des goûts. Promettez seulement de ne pas l'épouser.

— La demoiselle Hélène?

— Comme de juste.

— Oh ! pour cela, mon brave, répondit Raoul, je te le promets de tout mon cœur !

— Alors, monsieur le vicomte, dit le fatout, lâchez-moi, allez, nous sommes camarade, je ferai tout ce que vous voudrez !

Raoul le lâcha de bonne grâce et poursuivit :

— Où en étions-nous ?

— A ce que vous n'étiez pas pressé de vous montrer costumé comme vous l'êtes.

— Pas plus que je ne suis curieux d'apprendre à M. le marquis de Crillon que je porte ici un habit de postillon; tu vas donc prier mon ami le capitaine de choisir une chambre, afin que nous puissions causer en paix.

— Je vas faire mieux, monsieur Raoul.

— Voyons !

— Je vas vous ouvrir une chambre que je choisis pour M. le capitaine.

Ce disant, il tourna la clef d'une porte que Raoul franchit avec une certaine précipitation, parce qu'on entendait des pas à l'autre bout du corridor. Deux hommes venaient de ce côté, bras dessus bras dessous, l'un faisant boiter l'autre.

— Croquant ! dit Rogue à Nicaise, la chambre de M. le marquis de Romorantin, tout de suite !

— Néant ! dit Nicaise, à moins que ce ne soit pour affaire pressée.

— C'est pour affaire très-pressée, bélître, répliqua Salva.

— A la bonne heure, dit encore Nicaise ; merci, messieurs, pour votre politesse !

Et, sans se déranger, car il passait devant la porte de Gadoche, il y frappa à tour de bras, en criant à tue-tête :

— Dormez-vous déjà, monsieur Ledoux ? C'est les deux mines de coquins qui veulent vous parler pour affaire très pressée.

Rogue et Salva levèrent la main tous les deux à la fois ; mais Nicaise était déjà loin, hâtant le pas pour aller porter le message de Raoul au capitaine de royal-Auvergne.

En descendant l'escalier, il prêta l'oreille et entendit l'huis de M. Ledoux qui s'ouvrait à bas bruit.

— Je vas repasser par là, pensa-t-il, et faire un petit bout d'écoute.

L'instant d'après, M. le marquis de Crillon et Raoul étaient assis en face l'un de l'autre dans deux bonnes vieilles bergères, et Nicaise avait son oreille à la serrure de Gadoche.

Nous avons pris la peine d'excuser, dans un cas pareil, M. le vicomte de Chateaubriand-Bretagne, mais Nicaise, ma foi, en eût fait bien d'autres ! ayant écouté, il voulut voir, car les paroles entendues annonçaient une mise en scène assez curieuse, mais la clef qui restait dans la serrure arrêta net son regard.

— Tonnerre ! disait Rogue, quel accroc vous avez à la peau ! Le vieux avait des griffes de loup, c'est sûr !

Nicaise ne comprit pas. Il y eut un sourd gémissement à l'intérieur de la chambre.

— Vous serrez trop fort, mort diable ! gronda M. Ledoux, parlant à Saunier qui le pansait.

Et presque aussitôt après, il ajouta avec un autre juron :

— Le Stuart est parti de Saint-Germain, j'en suis sûr ! Et toute sa séquelle après lui ! Ont-ils disparu sous terre ?

— Ne remuez pas comme cela, capitaine, l'ordonna une voix que Nicaise reconnut pour être celle du compagnon de M. Ledoux.

Capitaine ! qui donc était capitaine ici ?

Le vrai capitaine d'Auvergne riait et causait dans sa chambre avec Raoul. On aurait presque distingué leurs joyeux propos, si on avait prêté l'oreille, mais la conversation était de ce côté bien plus intéressante, et Nicaise n'avait garde de quitter la porte de M. Ledoux. Il essayait pourtant d'écouter partout.

Etait-ce M. Ledoux, l'ancien collecteur des gabelles, qu'on appelait aussi capitaine ?

— Tu me fais atrocement mal ! murmura celui-ci d'une voix défaillante.

— On dirait d'un homme à la torture ! pensa le fatout. Trébigre ! si on pouvait seulement voir ! Ça doit-être drôle, si on écorche M. Ledoux derrière la porte !

M. Ledoux reprit :

— Je donnerais tout de suite mille pistoles

pour deviner qui nous a escamoté le prince.

— Encore un prince ! pensa Nicaise. Il en pleut !

Salva dit de son accent portugais, nasal et emphatique :

— Toutes les autres avenues étaient gardées, on ne pouvait sortir de Saint-Germain que par la route de Nonancourt. Pas un seul des camarades n'a signalé son passage sur le chemin.

— Il n'avait pas d'ailes, cependant, pour s'envoler ! répliqua le boiteux.

Il y eut un silence, pendant lequel, dans la chambre où était Raoul, M. le marquis de Crillon s'écria :

— Palsambleu ! vicomte, vous êtes ici pour vos affaires et je ne suis pas un exempt de M. d'Argenson ! Si nous mettions la main sur votre prince, nous serions bien forcés de faire notre devoir ; mais jusque-là, vous allez, vous venez, c'est votre droit. Et je vous prie de mettre mes compliments aux pieds de cette très-aimable Cavalière, la première fois que vous aurez le bonheur de la voir. Comment M. le régent va-t-il se consoler de son absence ?

— Et Cartouche ? demanda Raoul, au grand ébahissement de Nicaise.

Cartouche ! On avait appelé l'autre « capitaine ! » Quel trait de lumière !

— Ah ! ah ! Cartouche ! dit le marquis. Je vous promets que le misérable ne se vantera pas de sa dernière fredaine ! Si je ne ramène pas à Paris le chevalier de Saint-Georges, je rapporterai maître Cartouche, ficelé comme un paquet. Grand merci du renseignement, vicomte.

Ils se mirent à rire tous deux, Raoul et le marquis. On riait aussi pour le moment chez M. Ledoux. Salva disait :

— Je ne sais pas qui a fait accroire à l'épouse Boër qu'elle avait aussi des droits à la couronne d'Angleterre, mais elle travaille maintenant contre nous.

— Il y en a une autre, ajouta Rogue, qui travaille aussi contre nous.

— Qui donc?

— La fillette de Lorraine.

— Mariole ? dans quel intérêt ?

— Ça a commencé dès l'auberge du *Lion-d'or*.

— Si la chose est vraie, répliqua M. Ledoux de sa voix pénible et haletante, ne plaisantons pas, même avec cela. Le Hollandais a le bras long; il nous couvrira en cas d'esclandre. Je vous charge de l'exécution. Etudiez les êtres de la maison, et qu'à minuit la donzelle soit empaquetée sur la route de Paris !

Pour le coup, Nicaise crut rêver. La poupette ! Enlevée ! Et c'était M. Ledoux ! Il se frotta les yeux avec énergie. On venait de parler de Cartouche : Si c'était Cartouche M. Ledoux !...

Un grand cri d'angoisse passa en ce moment au travers de la porte. Ce cri était si déchirant et peignait une telle agonie que Nicaise en oublia Mariole.

— Mon bras ! râlait M. Ledoux. Du feu ! le feu de l'enfer !

— Le pansement est fini, capitaine, déclara le docteur Saunier.

— Un pansement ! Encore capitaine ! répéta Nicaise. Au bras ! Et il a parlé du vieux qui avait des griffes de loup ! Jarnigodiche ! Voilà qui va étonner la demoiselle, quand je vas lui narrer ça ! Elle lui tâtera peut-être le bras...

Il se donna dans le front ce bon coup de poing qui annonçait chez lui la naissance d'une idée, et s'enfuit, parce que la porte du marquis de Crillon s'ouvrait pour donner passage à Raoul dont la visite était finie.

IX

COMMENT LA GRANDE HÉLÈNE GRONDA MARIOLE ET FUT GRONDÉE PAR LE FATOUT

La grande Hélène avait choisi pour elle-même, bien entendu, une bonne chambre : elle aimait sincèrement ses aises. La bonne chambre de la grande Hélène était en outre située fort commodément entre deux corridors qui avaient chacun son escalier. Elle commandait ainsi toute la maison, pouvant sortir indifféremment par l'une ou l'autre galerie, tandis que le commun des mortels, pour aller du corridor de droite à celui de gauche, devait faire le tour de la maison par le rez-de-chaussée et changer d'escalier.

Le corridor de droite contenait presque toutes les chambres que nous connaissons, entre autres celle de M. Ledoux, celle du capitaine de Royal-Auvergne et celle de Mariole, la plus éloignée du centre.

Dans le corridor de gauche, et tout près d'Hélène, habitait le chevalier de Saint-Georges, dont elle ne savait point encore le nom, et qu'elle avait vendu à terme, moyennant une somme de vingt mille livres, à cet éloquent M. Ledoux, pour épargner à Nonancourt les horreurs d'une guerre européenne. Nous pouvons certifier que la grande Hélène avait supérieurement dormi là-dessus, sans avoir aucun mauvais rêve..

Elle s'éveilla guillerette, comme le soleil descendait à l'horizon déjà; elle avait reposé ses quatre heures d'horloge et se sentait un loyal appétit. Sa chambre était chaude; par les soins galants du fatout, un clair feu de bois tombait en braise dans la cheminée ; elle sauta, ma foi, en bas de son lit, tout habillée qu'elle était, et s'étira en laissant aller son dernier bâillement de paresse.

En vérité, c'était encore une jeune fille, quoiqu'elle vous eût déjà des manies qui parlent de l'âge mûr. Elle avait eu l'autorité trop tôt, ou bien, comme elle vous l'eût dit, elle avait trop songé à elle-même. Mais quand elle se planta devant son miroir, posée comme une femme de la Bible, la taille ferme et cambrée, la tête haute, ses deux mains baignées dans ses prodigues cheveux, vous eussiez pensé à cette Judith qui était grande aussi, et robuste, et hardie, et qui tua honnêtement ce coquin d'Holopherne. Hélène n'avait encore tué personne.

Tout en peignant à pleine mains sa chevelure, elle prêta l'oreille à ces bruits confus qui emplissaient la maison de poste et qui l'avaient éveillée.

— Il paraît, dit-elle, que le bien m'est venu en dormant.

De fait elle avait des chalants à revendre, en ce moment, la nouvelle titulaire. Pendant qu'elle sommeillait, il s'était passé bien des choses autour d'elle, les unes qui nous sont déjà connues, les autres que nous ignorons encore. Des arrivages surtout, en veux-tu en voilà, et dont le lecteur aura bientôt la liste.

On marchait, le long des corridors, on causait dans toutes les chambres. Les fourneaux, à la cuisine, étaient des fournaises, et dans la salle commune, Royal-Auvergne buvait comme si les fourneaux eussent été au fond de son estomac.

Hélène appela une servante et demanda son Nicaise. Son Nicaise était Dieu sait où. Elle était de si bonne humeur qu'elle ne traita point la servante d'effrontée.

— Qu'on m'envoie Jolicœur, mon postillon! dit-elle.

Jolicœur était peut-être avec le fatout. On ne le trouva point. Elle ne fit qu'en rire. Ah ! le bon caractère qu'elle avait, ce matin !

— Comment va mon vagabond ? s'enquit-elle, ayant tout à coup mémoire du blessé. Je voudrais le voir.

— Il dort.

— Malepeste ! dit-elle, et je passe pour bourrue ! Voyez pourquoi les gens ne me viennent point voir quand je suis en joyeuse humeur !

Elle fronçait déjà ses sourcils qu'elle avait épais comme junon.

— Ça, reprit-elle, Mariole, ici ! tout de suite ou je me fâche !

Elle riait, j'allais dire dans sa barbe, tant on s'étonnait parfois qu'elle n'en eût point. La servante trottait déjà dans le corridor. L'instant d'après, Mariole arrivait toute rouge de sa course.

Quand elle entra, Hélène fourra dans son

giron un objet qu'elle tenait à la main : une petite boîte.

— Voire, ma fille ! dit-elle. Vous vous faites bien attendre !

— Sainte Vierge ! pensa Mariole, elle est justement à rebrousse poil !

Elle vit devant elle, la pauvrette, la longue série des reproches qu'on allait lui faire.

— Que faudra-t-il pour le dîner du jeune blessé ? demanda en ce moment la servante.

— Etes-vous folle, vous ? s'écria Hélène. Ne va-t-on pas mettre tout à cuire et à bouillir pour un meurt-de-faim ? Il aura ce qu'il y aura. Est-ce un prince, à la fin, cet oiseau-là ?

— Dame ! dit la servante, vous l'avez tant choyé, tant bassiné !

— En route !... Donnez-lui n'importe quoi.

La servante s'en allait.

— Pourvu, ajouta Hélène, que ce soit tendre, délicat, léger, nourrissant ; sauvez-vous. Bonsoir, minette !

— Bonsoir, ma sœur, répondit Mariole, qui se tenait debout à trois pas.

— Approche.

Mariole fit un pas et s'arrêta.

— On te dit d'approcher !... et ne jurerait-on pas que cette petite fille-là est habituée à être battue ! Toujours tremblante devant moi ! Ne peux-tu me regarder en face ?

— Oh ! si, ma sœur !

— Oh ! si, ma sœur ! répéta Hélène, en imitant le son timide de sa petite voix ; on ne te mangera pas, petiote ! Parle, si tu veux.

— Oh ! oui, ma sœur.

— Eh bien ?...

— Vous êtes si bonne !...

— Tu mens ! tu ne me trouves pas bonne. Tais-toi ! J'ai apporté quelque chose à tout le monde, en revenant de la foire hier. La tante a eu, les petits ont eu ; toi, rien.

— Je ne m'en étais pas aperçue, dit Mariole naïvement.

— C'est bon ! riposta Hélène. Alors, tu ne tiens pas à ce qu'on te donne ? C'est que tu ne m'aimes pas...

— Sœur ! répondit la fillette, puisque tu ne me laisses jamais avoir besoin de rien !

Mais Hélène était déterminée à se fâcher.

— Vous parlez comme un livre ! gronda-t-elle. L'hypocrisie vient vite aux enfants, à présent.

— Oh ! sœur ! murmura Mariole dont les doux yeux s'emplirent de larmes.

Hélène tourna la tête. Mariole lui prit la main par derrière et voulut la baiser.

— Je ne suis pas en train d'être caressée ! dit rudement la terrible fille. J'ai à vous gronder, et un peu bien... A nous deux, mademoiselle !

Mariole laissa tomber ses bras le long de son corps comme une condamnée, pendant qu'Hélène poursuivait :

— A nous deux ! N'avez-vous pas de honte ?

— Ma sœur ! supplia Mariole, qui joignit ses

mains mignonnes, prête à fléchir le genou, ma chère sœur...

— La paix ! Il n'y a pas de sœur qui tienne. Je ne suis pas contente de vous !

Elle aurait dû lire l'angoisse qui était peinte sur ce pauvre charmant visage, mais elle avait bien autre chose à songer vraiment.

— Il faut que tout cela finisse ! déclara-t-elle d'une voix courroucée. Je ne me laisserai pas prendre aujourd'hui à vos câlineries. Il y a un terme à tout ! Je suis à bout ! vous avez dépassé les bornes !

— Mon Dieu ! mon Dieu ! pensait Mariole. Elle va me chasser, j'en suis sûre !

Hélène la saisit par le bras.

— A-t-on vu ces manières ! reprit-elle avec une véritable et profonde indignation, en regardant la fillette de la tête aux pieds, ces robes, ces velours, ces rubans, tous ces colifichets ! pour une fille d'auberge ! Et pensez-vous que je puisse souffrir cela, mademoiselle !

Mariole poussa un soupir de soulagement.

— Ah! que j'ai eu peur! se dit-elle.

— Répondez, s'il vous plaît!

— Ma sœur (et si vous saviez comme sa voix était douce), je m'habillerai comme vous voudrez, désormais.

— Voilà, s'écria la grande Hélène : j'en étais sûre! Ah! comme c'est bien cela! Tu es obéissante, toi, en paroles, Dieu merci! Tu ne te révoltes jamais, fi donc! ah bien oui!... quitte à faire toujours ta petite volonté, hein?

— Ma sœur! ma sœur!

— Va, je te connais comme ma poche, et tu ne vaux pas mieux que les autres! Qui est-ce qui te taille ces robes-là?

— A Bar-le-Duc, c'était...

— La sotte! la maladroite! la balourde! Elle t'a laissé un mauvais pli au milieu du dos... là... sens-tu?

— Oui, ma sœur.

Cette petite Mariole avait déjà bien de la peine à s'empêcher de rire.

Mais Hélène s'échauffait tout de bon.

— Est-ce qu'on ne l'a pas payée, celle-là ! s'écria-t-elle. Un pli dans le dos ! Elle est bien heureuse que nous ayons quitté le pays, je l'aurais changée.

— N'est-ce pas assez bon pour une fille d'auberge ? demanda Mariole avec un brin de rancune.

— Une fille d'auberge ! répéta Hélène scandadalisée. Qui t'a appelée ainsi !

— C'est vous, ma sœur... Il n'y a qu'un instant.

— Moi ! Tu mens ! déclara Hélène avec conviction.

— Et je ne suis que cela, ajouta Mariole.

Hélène baissa la tête. Elle était punie par où elle avait péché.

— Oh ! certes ! dit-elle avec accablement. Tu n'es pas contente de ton état, pauvre enfant !

Si j'avais été noble et riche, j'aurais pu te faire heureuse...

— Ma bien-aimée Hélène ! s'écria Mariole dont les larmes jaillirent. Je préfère votre tendresse à celle d'une reine !

— La paix, minette ! dit la grande fille en se redressant. Je ne veux pas qu'on pleure ! essuie tes yeux ? et vite ! Fille d'auberge ! Saperlotte ! si une autre que moi t'avait appelée fille d'auberge...

— C'est pourtant la vérité, dit timidement Mariole.

— Du tout ! tu n'y entends rien ! C'est-à-dire... enfin, je ne veux pas qu'on soit malhonnête avec toi ! On leur en donnera des filles d'auberge ! Dis donc ? une risette, veux-tu ? mieux que cela ! embrasse-moi. Ma parole d'honneur, je les trouve étonnants, ces gens-là. Tu es élégante ! eh bien ! le beau malheur ! à quel âge le serais-tu donc, pas vrai ? Et encore, élégante, moi je lissais mes cheveux mieux que ça !

Elle passa ses doigts caressants dans les doux cheveux blonds de Mariole.

— Ah ! mais oui ! poursuivit-elle gaiement. Et ils n'étaient pas de moitié si beaux que les tiens ! Me gardes-tu rancune ?

— Est-ce que c'est possible ? répondit Mariole dont le sourire était humide.

— Ma parole ! répéta Hélène qui avait ses lèvres sur le front de l'enfant, je les trouve étonnants ! Des colifichets ! quels colifichets ? Ce que tu as ne doit rien à personne. Qu'est-ce qu'ils ont à dire ?... Ote voir un peu ton vieux fichu.

— Il est tout neuf, dit Mariole.

— Ote voir !

Mariole obéit. Hélène tira de dessous sa pèlerine un autre fichu.

— Le vieux n'était que de la percale, dit-elle, avec dédain.

Le neuf était de tulle brodé. Mariole le reçut d'une main qui tremblait de plaisir.

— Essaye-le !

— C'est trop joli, ma sœur, c'est bien trop joli !

— On te dit d'essayer! répéta Hélène, qui décrocha un miroir pour le lui présenter. Est-ce qu'il y a quelque chose de trop joli pour toi, dis-donc ?

Le fichu allait à miracle.

— Sais-tu? reprit Hélène, tu as un miroir de petite duchesse, tout uniment.

Mariole riait au miroir.

— Il faut un collier à ce cou-là, poursuivit Hélène.

Mariole ouvrit de grands yeux. Hélène tira de son sein la boîte, la boîte aux surprises qu'elle venait d'y glisser.

— Des perles! s'écria Mariole en sautant de joie.

— Ne bouge pas! si tu gambades comme cela, comment veux-tu que j'agrafe? C'est fou, les enfants!... Là, regarde-toi !

Mais Mariole ne jeta qu'un regard au miroir.

— Ah! sœur! sœur! dit-elle émue jusqu'au fond de l'âme, que tu es bonne et que je t'aime!

Elles étaient dans les bras l'une de l'autre, et leurs baisers se croisaient, coupant les mots qui tombaient de la bouche d'Hélène. Elle disait :

— M'aimes tu? bien vrai? moi qui te gronde toujours! j'ai tort de te gronder, pauvre ange chéri qui n'a plus de mère! Il te faudrait quelqu'un de meilleur et de plus doux pour t'aimer.

Elle s'éloigna brusquement pour la contempler mieux.

— Es-tu assez jolie! murmurait-elle sans savoir qu'elle parlait. Es-tu assez belle!

Puis, reprenant tout à coup conscience, elle ajouta, mais avec regret :

— Tu comprends bien, Mariole, moi, je te trouve jolie, parce que je suis ta sœur, mieux que cela: ta mère. Mais si quelqu'un d'autre te disait cela, ce serait bien différent! il ne faudrait pas les croire.

Mariole rougit.

— Bon! te voilà comme un coquelicot! Ne plaisantons plus. Tu disais que tu m'aimais. Comment m'aimes-tu, minette?

— Est-ce que je pourrais le dire, répondit Mariole, moi qui te dois tout!

— C'est moi qui te dois tout, chérie! tu as été la joie, tu as été le calme de ma jeunesse. Je ne connaissais pas beaucoup le bon Dieu sais-tu? C'est en t'apprenant le Notre-Père et en baisant tes petites mains jointes que j'ai appris à prier, et je prie mieux avec toi. Aussi, je vais te dire, je voudrais te garder près de moi toujours... Ne me réponds pas, Mariole, se reprit-elle, tombant pour la première fois de sa vie peut-être dans une tristesse douce et tendre qui était de la mélancolie. Avec les autres, je peux être égoïste ; avec toi, non! je t'aime trop. J'ai résolu de te marier toute jeune pour que tu sois bien longtemps heureuse.

Sur ces derniers mots, Nicaise entra. Il vit que Mariole baissait la tête pour cacher son trouble. Hélène, tout entière à sa pensée ne vit ni l'entrée du fatout, ni le trouble de Mariole.

Nicaise avait, ce soir, une singulière physionomie et que nul, parmi ses amis, ne lui connaissait assurément. Il semblait qu'un vent d'expérience et de maturité eût passé tout à coup sur ce naïf visage. Son front et ses yeux pensaient. Il resta un instant immobile sur le seuil et ses lèvres remuèrent lentement. Il se disait à lui-même :

— Elle est bonne, pourtant. J'en suis sûr ! C'est un cœur d'or !

Ses yeux étaient fixés sur Hélène. Hélène continuait parlant à Mariole :

— Sais-tu, nous n'aurons pas trop de peine à te trouver un épouseur. Je te donnerai dix mille livres le jour de ton mariage.

Mariole n'eût pas le temps de répondre et

Hélène tressaillit comme si la pointe d'un couteau l'eût touchée :

— Demoiselle, dit le fatout, d'une voix qui était plus changée encore que son visage, mieux vaudrait ne point trop parler de cet argent-là !

Hélène se tourna brusquement vers lui. Jamais il n'avait soutenu son regard. Il le soutint cette fois d'un œil triste et ferme. Hélène vit bien qu'il y avait quelque chose d'extraordinaire. Elle fit signe à Mariole de sortir, disant :

— Nous reparlerons de tout cela, chérie.

Nicaise secoua la tête et dit au moment où Mariole passait devant lui :

— J'aurai aussi à vous causer, petiote.

— Qu'as-tu? demanda Hélène, dès que la fillette fut partie.

— J'ai un grand malheur, dit Nicaise, en gagnant la cheminée où Hélène était debout. Je croyais en vous comme en Dieu, c'est bien sûr, et peut-être que c'était un péché mortel. Voilà qu'à présent je ne vois plus à me conduire, comme si j'avais le cœur aveugle, parce que j'ai défiance de vous.

— Défiance de moi ! repéta Hélène avec un rire étonné.

— Oui demoiselle, et cela me semble un péché aussi, un péché mortel. Mais je n'y peux que faire : j'ai défiance de vous, en grand, des pieds à la tête.

— Et pourquoi as-tu défiance de moi, fatout? demanda Hélène qui ne s'irritait point encore.

— Demoiselle, reprit Nicaise en soupirant, vous aimez l'argent... de trop !

— Ah ! dit la grande fille, en fronçant le sourcil. Tu crois ça, toi?

— Et vous êtes la fille d'un père, continua Nicaise, qui aimait de trop l'argent.

— Vas-tu perdre le respect? murmura Hélène.

— Non, demoiselle. Et si je perds l'estime que j'ai de vous, je ne vaudrai guère mieux qu'un mort. Ce n'est pas de la colère qu'il faut avoir contre moi ; Je ferais plutôt pitié, allez ! J'ai bien de la peine et de l'embarras à vous parler comme je le fais. Si vous saviez...

— En deux mots, qu'as-tu à me dire, garçon ?

Leurs regards se choquèrent encore une fois et la grande fille fut toute surprise du malaise qu'elle se sentait dans le cœur.

— J'ai à vous demander, demoiselle, répliqua le fatout dont la voix chevrota, mais qui ne baissa point les yeux, si c'est vrai que l'argent dont vous parlez tant depuis hier vient de M. Ledoux.

— Oui, répondit Hélène, cet argent-là vient de M. Ledoux. Après ?

— Et si cet argent-là, poursuivit Nicaise, est le prix de la vie d'un pauvre jeune homme, que vous avez vendu comme ça tout vivant à ceux qui sont pour l'assassiner !

— Godiche ! dit Hélène qui haussa les épaules.

— Ça se peut que je n'aie point d'esprit, demoiselle. Je vous prie de me répondre par oui ou par non.

Ce fut elle, en vérité, qui détourna les yeux la première.

— Si on t'expliquait..., commença-t-elle. Mais tu es trop bouché pour comprendre ! Sais-tu la politique, mulet, pour juger les gens qui valent mieux que toi ?

— Je ne sais rien, demoiselle, prononça Nicaise de cet accent résolu qu'il avait trouvé on ne sait où. Mais l'argent est de l'argent et le sang est du sang.

— Et n'as-tu pas deviné, innocent, qu'il y a là autre chose que de l'argent ?

— Non, demoiselle. Je vous prie de me dire ce qu'il y a, si vous voulez que je le sache.

— Il y a la mort de mon bonhomme de père que je veux venger ! s'écria Hélène. Je suis sur la route de l'assassin. Je sers ceux qui m'ont dit : Nous te montrerons l'assassin !

Les yeux de Nicaise, grands ouverts, avaient une expression si étrange qu'Hélène s'arrêta. Il reprit à voix basse :

— C'est vrai que le bonhomme Olivat vous aimait bien, demoiselle ; c'est vrai aussi qu'une fille a le droit de courir après le meurtrier de son père. C'est vrai encore que vous êtes sur la route où passe l'assassin.

Elle lui saisit les deux bras d'un geste violent.

— Que sais-tu ? que sais-tu ? balbutia-t-elle, la lèvre tremblante et la joue livide. Tu sais quelque chose. Que sais-tu ?

— Les trois hommes qui vinrent au *Lion-d'Or*, le soir des fiançailles, répondit Nicaise, sont à la poste de Nonancourt, aujourd'hui tous les trois.

Les doigts crispés d'Hélène serrèrent convulsivement son bras. Nicaise murmura :

— Si vous en faisiez autant au bras gauche

de M. Ledoux, il crierait miséricorde, demoiselle !

Une lueur furieuse s'alluma dans les yeux d'Hélène, puis elle devint toute blême et se laissa choir dans son fauteuil en se couvrant le visage de ses mains.

X

OU LE FATOUT ET LA DEMOISELLE SE FACHENT TOUT ROUGE

Hélène resta un instant comme écrasée, puis, tout son corps eut des tressaillements, et sa poitrine fut soulevée par un spasme. Nicaise la regardait avec une sévérité mêlée de pitié.

— Demoiselle, dit-il après un assez long silence et d'une voix où tout son pauvre cœur tremblait, vous avez été pour épouser cet homme-là. Est-ce que vous gardez pour lui quelque chose dans votre cœur?

Hélène se tut, Nicaise ne parla plus. Ce fut seulement après une longue minute que la grande fille se découvrit le visage. Nicaise vit qu'elle avait pleuré.

— Tu es un méchant ou un fou, dit-elle, et je suis folle moi-même d'écouter les propos de quelqu'un comme toi !

— Demoiselle... voulut dire Nicaise.

— Et quand je me souviendrais, s'écria-t-elle éclatant comme une bombe, faudrait-il t'en demander la permission, valet ? Quand je me souviendrais, ne suis-je pas ma maîtresse ? Il ne m'a pas trompée, entends-tu ? L'argent est de l'argent, puisque tu l'as dit. Il s'est retiré parce que l'argent que j'avais n'était plus là. J'aurais fait comme lui... Lui assassin ! M. Ledoux ! Tu me fais rire, entends-tu ! Un assassin aurait achevé la noce ou se serait enfui. Lui est venu dire devant tout le monde ce qu'il avait à dire. Et n'as-tu pas vu son habit de marié, si net et si propre ? Celui qui a tué le bonhomme n'avait plus de manches à son pourpoint; les ongles allaient jusqu'à l'os. Lui, un assassin ! Lui, qui m'a donné de l'argent! Lui, qui m'a donné mon brevet! Lui mon bienfaiteur! Tu es un fou et tu es un méchant. Ecoute. Je l'aurais là endormi devant moi, moi qui cherche toujours, comme une louve, moi qui tâterais le bras du régent, pour savoir... tu entends bien, je l'aurais là, devant moi, endormi, M. Ledoux, que je ne lèverais pas sa manche, pour voir que tu as dit faux, menteur!

Nicaise était simple, c'est vrai, mais il avait passé toute sa vie à étudier Hélène Olivat en l'admirant. Il savait que rien ne pouvait contre ses emportements ni contre ses obstinations.

— N'en parlons plus, demoiselle, dit-il avec un calme qui sembla singulier à Hélène elle-même.

— Ça ne suffit pas, répliqua-t-elle, essayant de raccrocher sa colère à quelque chose. Mon drôle, tu demanderas pardon à M. Ledoux!

— Je ferais bien davantage encore, demoiselle Hélène, répondit-il gravement, pour vous prouver comme je vous suis attaché.

— Allons! murmura la grande fille s'apaisant tout à coup. Vous êtes jaloux de lui, tous tant que vous êtes, et c'est peine perdue, allez! Il ne songe guère à moi. C'est un grand seigneur maintenant...

— Tu vas finir, toi! reprit-elle, remarquant le sourire amer qui était autour des lèvres du fatout. Tu as des airs, ce soir à te faire mettre à la porte!

Nicaise redevint sérieux. Elle poursuivit :

— En un mot comme en mille, je te défends de me reparler jamais de M. Ledoux! Jamais, entends-tu?

— Oui, demoiselle.

— A moins que tu n'aies envie de changer de condition. Tu es libre!

13

— Demoiselle, répondit Nicaise dont la voix s'altéra, je comptais bien vivre et mourir près de vous...

— Alors la paix!... Qui avons-nous à la maison?

— Beaucoup de monde, demoiselle. D'abord un détachement de Royal-Auvergne-cavalerie avec son capitaine.

— On les entend, Dieu merci!

— Ensuite ce Hollandais à qui M. Ledoux m'avait envoyé pour avoir votre brevet...

— A sa femme plutôt, dit Hélène qui, connaissant son pouvoir, crut ramener d'un seul sourire la gaieté sur le grave visage du fatout. La comtesse au parapluie, hé, garçon? Et au petit vin blanc!

Nicaise ne se dérida point.

— La Hollandaise est aussi chez vous, demoiselle, dit-il seulement.

— Et après?

— Il y a une belle dame qui mène trois gentilshommes avec elle.

— Une princesse, donc celle-là ?

— Elle en a l'air.

— Son nom ?

— Elle n'a pas dit son nom... C'est comme le seigneur, qui est dans la chambre du bout, et qui voyage en chaise avec deux secrétaires et trois valets.

— Oh ! oh ! fit Hélène. Et de quoi a-t-il l'air, celui-là ?

— D'un Anglais, demoiselle. Ses valets l'appellent Mylord comte.

— Est-ce tout ?

— Non, demoiselle.

— Défile ton chapelet, dit la grande fille qui remit ses pieds au feu. Ça va bien pour un premier jour, et il paraît que la place est bonne !

Nicaise parut hésiter.

— Allons ! dit-elle.

— Il y a répliqua enfin le fatout, Cartouche et trois hommes de sa bande.

Elle le regarda bouche béante.

— Tu dis !... balbutia-t-elle, à demi relevée, et les deux mains sur les bras de son fauteuil.

— Vous avez bien entendu, demoiselle.

— Cartouche ! et trois hommes de sa bande !

— Ce qui fait, demoiselle, trois brigands et un damné !

— Ah çà, ah çà, bonhomme ! dit Hélène dont le regard exprima une amicale inquiétude, est-ce que ce serait vrai, hein ? Est-ce que la tête déménage ?

— Je le voudrais au prix de tout ce qui est à moi sur la terre, répondit le fatout, car j'ai le cœur trop plein de peine !

— Cartouche ! Et le régiment d'Auvergne est ici ! Et tu n'as pas fait arrêter Cartouche !

— Oh ! non, demoiselle.

— Et pourquoi ?

— A cause de vous.

L'étonnement la fit muette. Nicaise poursuivit froidement :

— Demoiselle, j'avais peur de vous mettre dans l'embarras.

— Moi ! à propos de Cartouche !

— C'est M. Ledoux qui est Cartouche, demoiselle.

Ce pauvre Nicaise croyait frapper là un terrible coup. En effet, Hélène resta un instant comme stupéfiée. Puis elle se renversa sur son fauteuil, énervée par un rire spasmodique.

— Ah ! le malheureux ! le malheureux ! dit-elle, fou comme un lièvre en mars ! fou à lier ! fou à tuer ! M. Ledoux, Cartouche ! Mais c'est qu'il me regarde encore comme s'il avait toute sa raison ! Joues-tu la comédie, bonhomme ?

— Non demoiselle. Et j'aurais bien dû penser que vous ne me croiriez pas. Je n'ai jamais été si en peine.

Il s'arrêta, tournant son chapeau entre ses

doigts. Hélène essuyait ses yeux que le rire avait mouillés.

Nicaise avait aussi deux grosses larmes qui brûlaient ses paupières.

— Va falloir en finir, se dit-il à lui-même. Je n'ai plus rien à faire ici.

Il s'approcha d'un pas.

— Demoiselle Hélène, dit-il, je vous ai servi de mon mieux...

— Est-ce que tu vas me quitter, garçon? demanda-t-elle, avertie par l'expression de son regard. Me quitter de toi-même et sans qu'on te renvoie !

— J'en ai le cœur bien gros, demoiselle, mais c'est comme vous le dites. Je ne suis pas fou, croyez-moi. La preuve, c'est que je resterai, si vous voulez me promettre de ne point livrer ce jeune homme pour de l'argent.

— Des conditions à moi ! toi ! s'écria la grande fille avec toute sa colère revenue. Je livrerai le jeune homme, si je veux ! Pour de l'argent, si ça me plaît! Passe la porte, imbécile, et que je ne te revoie jamais plus!

— Jamais plus! répéta le fatout d'une voix défaillante.

Et il se dirigea en effet vers la porte.

— Eh bien, dit Hélène, et ton compte, innocent?

Nicaise se retourna et prit dans sa poche un pli qu'il déposa sur la table.

— J'oubliais, dit-il. Voilà un ordre du roi que m'a chargé de vous remettre celui que vous appelez M. Ledoux. Comment l'a-t-il obtenu, je n'en sais rien, et peu m'importe. Vous y obéirez si vous voulez. Quant à mon compte, demoiselle, il n'y a pas de compte entre nous. L'argent que vous gagnez au métier que vous faites me brûlerait les doigts. J'aime mieux ma poche vide.

— Coquin! s'écria Hélène en s'élançant vers lui. Je crois que tu m'insultes!

Elle était faite ainsi: elle le frappa sur la joue

de toute la force qu'elle avait. Puis elle chancela et serait tombée à la renverse si Nicaise ne l'eût soutenue dans ses bras.

— Va-t-en! va-t-en! râla-t-elle. Je te chasse!

Nicaise la plaça sur son fauteuil, et gagna la porte d'un pas ferme. Sur le seuil, il se retourna pour dire :

— Demoiselle Hélène, que Dieu vous conseille et vous bénisse!

Et il sortit. En descendant l'escalier, il essaya d'interroger sa pensée, qui vacillait dans son cerveau. Il s'assit sur la dernière marche et pressa son front à deux mains.

— Voyons! voyons! se dit-il. J'ai quelque chose à terminer ici avant que d'aller à la rivière. Elle ne m'a pas cru! Elle a un mauvais cœur! Hélène! la demoiselle Hélène!...

Il se redressa tout à coup.

— La Poupette! s'écria-t-il, on veut l'enlever, je me souviens. Il faut que je lui parle!

Il prit aussitôt le chemin de la chambre de

Mariole. Dans le corridor, il rencontra Raoul, qui avait revêtu de nouveau son costume de postillon. Il l'arrêta, quoique Raoul eût l'air fort affairé.

— Monsieur le vicomte, dit-il, j'aime mieux parler à vous qu'à la petiote. Vous êtes un homme, et un honnête homme ; moi, je vas quitter cette maison-ci et je ne pourrai pas veiller, comme je me l'étais promis.

Raoul avait beau être pressé, il écouta dès qu'il comprit qu'il s'agissait de Mariole. Nicaise lui fit part de tout ce qu'il avait surpris relativement au projet formé par les gens de M. Ledoux d'enlever Mariole qui était pour eux une ennemie. Raoul sourit et dit :

— Nous avions pourtant déjà bien assez de besogne ! Mais sois tranquille, garçon, cette affaire-là passera la première.

Nicaise n'en voulait pas plus. Il est des heures où chacun de nous, même le meilleur, devient égoïste à force d'être absorbé par ses désirs ou ses devoirs; Raoul ne demanda même pas au fatout pourquoi il s'en allait ainsi, ni pourquoi il était triste. Il s'informa seulement de lui s'il connaissait un moyen d'avoir des chevaux en dehors de la maison de poste. Nicaise répondit non, et ils se quittèrent.

Nicaise fit son paquet, le chargea sur son dos, au bout d'un bâton, et partit à grands pas, à travers champs, par la brune qui tombait déjà noire.

Raoul, lui, gagna une porte située à peu de distance de la chambre de Mariole, et frappa trois coups distincts. Une belle grosse Hollandaise, luisante comme une tulipe, vint lui ouvrir.

— Est-ce pour la conspiration? demanda-t-elle avec mystère.

— Oui, répondit Raoul.

— Dites le mot de passe, alors!

Raoul prononça solennellement:

— Je veux voir la reine !

— Ça suffit, dit la grosse soubrette. Quand est-ce que nous allons monter sur le trône, monsieur le postillon ?

— Il n'y a plus que trois relais, répliqua Raoul. Faisons vite.

La grosse soubrette entr'ouvrit une portière et dit avec une profonde révérence :

— Madame la comtesse, c'est pour la conspiration.

— Savez-vous, répondit la voix de l'épouse Boër derrière la draperie, ne parlez pas si haut, imprudente, et faites entrer... vous concevez !

Raoul fut introduit aussitôt dans le sanctuaire où l'épouse attendait impatiemment son couronnement. Elle était assise sur un fauteuil beaucoup plus haut que les autres et qui avait apparence de trône. Elle était parée comme une demi-douzaine de châsses, et fière, et si heureuse que sa face bouffie semblait avoir des rayons.

On ne saurait dire au juste comment cette bouffonnerie avait commencé. Le hasard sans doute et ce qu'il y a d'éternellement espiègle dans le caractère français avaient entamé l'histoire, à moins que ce ne fût une comique vengeance de Raoul contre ce scélérat de mein herr Boër.

Maintenant, sous cette comédie, il y avait intérêt de vie et de mort, car les écuries de la maison de poste étaient closes, et le chevalier de Saint-Georges n'avait plus aucun moyen de continuer sa route. Or l'épouse était venue dans une bonne chaise que traînait un excellent attelage.

— Nous vous permettons d'approcher, monsieur le vicomte, dit-elle avec emphase et volubilité. Comprenez-vous? Nous aimons les gens comme il faut. Et ce déguisement de postillon vous va bien. Nous supposons que les affaires marchent. Notre divorce avec mein heir Roboam Boër ne souffrira pas l'ombre d'une difficulté, vous savez? Nous prouverons par témoins qu'il a voulu nous battre, nous empoisonner et même nous égorger. Les gens de cette auberge seraient bien étonnés s'ils apprenaient tout à coup qu'une jeune et belle reine est parmi eux. Vais-je voir bientôt mon royal fiancé ?

— Sa Majesté, répondit Raoul, en vous envoyant ses compliments, vous fait prier de donner vos ordres, afin que votre chaise de poste soit prête dans une demi-heure.

— Savez-vous ! répliqua l'épouse étonnée. Et dormir !

— On ne dort pas sur la route du trône, madame !

— Ah ! concevez-vous ! concevez-vous ! le trône ! Si mon royal fiancé avait honte de meinherr Roboam, on pourrait l'exiler de suite, n'est-ce pas ?

— Parfaitement, madame. C'est dans l'ordre des choses politiques.

Raoul salua avec respect et se retira en recommandant la chaise de poste. L'épouse, restée seule, se fit ajouter quelques rubans et mangea son souper d'un énorme appétit. Seulement, elle exigea que sa luisante soubrette fît l'essai des viandes et du vin.

— Savez-vous ! dit-elle. C'est l'étiquette : à chaque repas, un beau gentilhomme boira dans mon verre avant moi ! C'est la politique.

Raoul traversa toute la maison pour se rendre au logis du chevalier de Saint-Georges où il avait laissé lady Mary Stuart dans l'angoisse. Les choses prenaient en effet, de ce côté, une inquiétante tournure. En chemin, Raoul rencontra bon nombre de méchants visages qui lui étaient inconnus. Mein herr Roboam avait aussi amené sa séquelle.

Hélène Olivat, cependant, était, comme nous l'avons laissée, dans son fauteuil, auprès de son feu. Aucun des domestiques de la maison ne songeait à elle, car, d'habitude, Nicaise aimait à la servir tout seul. D'ailleurs ce soir, à la maison de poste de Nonancourt, valets et servantes ne savaient auquel entendre.

La nuit venait rapidement. Il n'y avait point de flambeau allumé dans la chambre d'Hélène, qui s'éclairait seulement aux lueurs mourantes du foyer.

D'ordinaire, ses accès de courroux étaient aussi courts que violents. Pour employer une locution populaire, la main tournée, il n'y paraissait plus. Mais aujourd'hui sa colère durait, une colère sombre et profonde. Nicaise, un enfant du pays, là-bas, qu'elle avait vu tout petit, qui avait grandi avec elle, Nicaise, un esclave pour le dévouement, un dévot pour le respect, Nicaise enfin qui la vénérait comme une sainte, Nicaise l'avait outragée froidement et tête haute.

Outragée à ce point qu'elle avait levé la main sur lui !

Et Nicaise ne s'était point courbé sous le châtiment.

Froidement et résolûment aussi Nicaise l'avait abandonnée.

Elle n'était point fille à dire : j'ai eu tort... Jamais! Elle marmottait au contraire entre ses dents serrées : J'ai bien fait J'ai bien fait!

Et pourtant, ce qui prolongeait sa colère, c'était le remords, un remords sourd qu'elle étouffait sous les vanteries de sa conscience fanfaronne.

— J'ai bien fait ! J'ai bien fait !

On lui reprochait d'aimer l'argent ! Employait-elle l'argent de travers ? Y avait-il dans toute sa vie une seule action qui ne fût noble, généreuse et vertueuse ? On peut aimer l'argent quand on s'en sert ainsi. Et d'ailleurs, elle était libre, elle était la maîtresse.

Quant aux accusations contre M. Ledoux, cet homme rangé, prudent, tiré à quatre épingles! Cartouche!

— J'ai bien fait ! J'ai bien fait ! Et si Mariole bouge, ah! celle-là je la jette sur le pavé!

Pensait-on se moquer d'elle !

Quoiqu'elle eût si bien fait, elle était triste à mourir et d'une humeur détestable ; elle avait envie de se donner des coups de poing à travers la figure, comme le pauvre fatout.

Qui l'avait donc changée ainsi ? Et pourquoi parlaient-ils tous de l'argent avec cet hypocrite mépris ? de l'argent que tout le monde aime !

Elle se leva péniblement ; elle était brisée plus que si elle eût fait quinze lieues de son pied dans les grandes coupes de Béhonne. Elle avait froid. Elle jeta deux bûches dans le feu, si rudement que la cheminée se remplit d'étincelles.

Les étincelles lui montrèrent le pli que le fatout avait laissé sur la table. Elle le prit et voulut avoir de la lumière pour le lire, mais les flambeaux étaient sans chandelles.

Le feu flambait déjà. Elle se pencha et lut un ordre de mettre tous les chevaux de la poste à la disposition de M. le marquis de Romorantin, et de lui seul.

En vérité, la grande fille était si loin de croire aux accusations du fatout contre ce bon M. Ledoux, que le nom noble de celui-ci ne les lui rappela même pas. Elle froissa le papier et se demanda, car elle était grand-turc dans sa maison, sur qui elle allait passer sa colère.

Justement, une victime se présentait. On frappait à la porte de gauche, qui donnait sur le corridor, conduisant à la chambre du vagabond, comme Hélène appelait volontiers le chevalier de Saint-Georges.

Ah! jarnicoton! celui qui frappait allait passer un méchant quart d'heure, qui que ce fût! En ce moment, Hélène n'avait pas à choisir. Tout lui était bon. Elle eût bouleversé monseigneur le régent en personne.

— Entrez, dit-elle.

La porte s'ouvrit. Elle vit un jeune cavalier qu'elle prit d'abord, dans l'obscurité, pour « le vagabond » lui-même. Mais le nouveau venu était plus petit, et quand le rayon qui partait du foyer l'atteignit, Hélène vit bien aussi qu'il était plus mince.

— Qu'est-ce qu'il vous faut, l'enfant ? Demanda-t-elle de sa plus grosse voix.

L'enfant sortait probablement d'un lieu où la lumière était mieux distribuée, car il mit sa main au-devant de son regard pour éviter les rayons du foyer, et voir un peu à qui il avait affaire.

Hélène, de son côté, l'examinait. C'était en apparence un tout jeune homme, parfaitement beau et bien fait. Son costume noir, très-élégant, était porté avec une gracieuse hauteur. Ce devait être, assurément, quelque petit seigneur d'importance.

— Qu'est-ce qu'il vous faut ? répéta Hélène. N'avez-vous point de langue ?

— Madame, répondit l'adolescent avec une timidité où perçait déjà quelque rancune, car il ne devait point être habitué à être ainsi traité, je voudrais savoir si vous êtes la maîtresse de cette maison de poste.

— Oui; après ?

L'adolescent fit un geste d'étonnement.

— Quoi ! dit-il, vous seriez cette Hélène Olivat qu'on m'a dépeinte comme étant si bonne...

— Vous verrez bien si je suis bonne ! répliqua la grande fille ; on met mademoiselle devant mon nom, quand on a de la politesse. Allez !

— Le jeune homme, reprit le nouveau venu, le pauvre jeune homme à qui vous avez rendu un si grand service...

— Je m'en repens... Allez !

— Vous vous en repentez ! s'écria le nouveau venu.

— De tout mon cœur ! Et si c'était à recommencer...

— Que feriez-vous, demoiselle Olivat ? demanda le jeune inconnu qui se redressa.

— Je lui dirais : mendiant, passe ta route... Après ?

L'adolescent se rapprocha d'elle d'un pas délibéré.

— Eh bien, bonne femme, dit-il en changeant de ton, je préfère cela de beaucoup, et nous allons bien mieux nous entendre. Je n'aime pas implorer, tel que tu me vois. J'ai besoin de chevaux de poste, tout de suite, et l'on m'en a refusé à tes écuries. Voilà vingt louis dans cette bourse, voilà un pistolet dans cette main ; si tu donnes des chevaux, les vingt louis sont à toi ; si tu me résistes, aussi vrai que tu es une mégère, je te fais sauter la cervelle !

XI

DES DUELS QUE LA GRANDE HÉLÈNE EUT
ET CE QUI S'ENSUIVIT

Peut-être bien que la grande Hélène eut peur : à sa manière, entendons-nous, car elle était brave autant qu'un homme. L'adolescent avait parlé comme quelqu'un qui ne profère pas une vaine menace ; un tic-tac sec et roide annonçant que le pistolet était armé ponctua énergiquement sa phrase.

Peut-être bien qu'Hélène eut peur, mais elle eut plaisir aussi ; elle avait appelé plaies et bosses, pour passer sa rage ; plaies et bosses venaient ; tout son sang violent lui monta au cerveau comme une ivresse.

Le courage qu'elle avait n'était pas celui d'un chevalier; il y avait en elle de la sauvage, de la paysanne et de la bourgeoise, tout cela mélangé dans des proportions abondantes.

Toute femme, d'ailleurs, par cela même que ce n'est pas son métier, devient sauvage dans la bataille. Et il eût suffit d'un coup d'œil jeté sur l'un et l'autre des deux adversaires pour voir qu'il s'agissait d'une bataille mortelle. L'inconnu levait déjà son arme ; Hélène menacée, eût mis le feu à la maison avant de céder.

Hélène ne recula point, mais sa posture changea et trahit un effroi. Elle savait bien qu'on ne tirerait point tant qu'on aurait l'espoir de la soumettre par la terreur.

— Oh ! oh ! dit-elle, jeunesse ! vous allez me brûler la cervelle si je ne vous donne pas de chevaux !

— Et ce, à l'instant, bonne femme, répliqua l'adolescent.

Ces deux phrases échangées avaient donné à Hélène le temps d'examiner avec soin la valeur physique de son adversaire, de mesurer exactement sa force. Elle avait le dos tourné au foyer, et restait par conséquent à contre-jour, tandis que les lueurs du feu éclairaient assez bien les membres et la taille de l'inconnu. Quant à sa figure, elle disparaissait presque sous les bords rabattus de son feutre.

C'étaient de merveilleuses proportions au point de vue de la beauté : beauté un peu féminine peut-être. Hélène ne se souvenait pas d'avoir admiré rien de si gracieux en sa vie. Et pourtant, soyez certain qu'elle n'était point en humeur de s'extasier. Au premier aspect, toute cette grâce charmante faisait naître une idée de faiblesse, mais il y a de ces beaux pages qui sont des démons.

— Voilà l'embarras, mon fils, reprit Hélène,

le régent me fait dire, ce soir, que si je donne des chevaux il me prendra ma place et me mettra en prison.

— A cela ne tienne, bonne femme, on vous indemnisera largement.

— Si j'avais au moins d'honnêtes garanties... commença Hélène.

— Silence ! dit l'adolescent qui prêta l'oreille.

Un bruit confus montait du rez-de-chaussée. Hélène sourit, c'était un espoir.

— Bonne femme, dit le jeune inconnu, que votre sang retombe sur votre tête ! Il s'agit d'intérêts auprès desquels votre misérable vie ne pèse pas le poids d'un grain de poussière. Voulez-vous me livrer des chevaux... une fois !

— Est-ce que vous tueriez une femme, vous, jeunesse ! implora Hélène.

— Oui, sur mon salut... deux fois ?

Hélène courba la tête et laissa tomber ses

bras d'un mouvement si éloquent que l'inconnu baissa son pistolet, disant :

— A la bonne heure ! mais faisons vite !

A ce moment même Hélène bondit et le saisit à bras le corps avec une violence si soudaine et si terrible qu'ils roulèrent tous deux sur le plancher.

— Trois fois ! rugit-elle. C'est moi qui vais tuer une femme, effrontée donzelle ! car tu es une femme ! Penses-tu donc qu'on en passe à la fille de mon père ! Ah ! ah ! ma vie ne pèse pas le poids d'un grain de poussière ! Combien pèse la tienne, ma princesse ? hé ! dis-le ! Ne résiste pas, sais-tu, ou je t'étrangle ! Lâche cet outil-là !

Elle parlait avec une volubilité folle. La lutte l'exaspérait, car l'autre femme (c'était bien une femme) luttait encore, quoique terrassée. Hélène, beaucoup plus forte et mieux exercée aux rudes besognes, lui broyait les poignets. L'autre, silencieuse et sombre, tenait le pistolet comme le noyé garde dans sa main crispée, le dernier brin d'herbe arraché au rivage.

Enfin, elle lâcha prise, et sa tête renversée heurta le plancher.

Hélène poussa un cri de triomphe et lui planta sans façon son genou sur la poitrine, grondant.

— Damnée ! je vas voir ta frimousse, à présent !

L'étrangère ne bougeait plus.

Hélène, d'un geste brutal, lui arracha son feutre. Un flot de grands cheveux d'un brun fauve où les lueurs obliques du foyer mettaient des reflets d'or inonda le sol, tandis que la lumière glissait sur le suave et pâle visage de lady Mary Stuart de Rothsay — la Cavalière !

Hélène poussa un cri étouffé. Puis elle se frotta les yeux comme si elle eût révoqué en doute leur témoignage ; puis elle dit :

— Vous, madame ! vous, cher ange de Dieu !

vous qui m'avez secourue à l'heure du désespoir !

Et sa voix était douce comme un chant.

Elle s'agenouilla. Elle prit les deux mains de l'étrangère et les baisa pieusement. Elle souleva sa belle tête, plus blanche qu'un marbre, avec des précautions de mère.

— Vous, reprit-elle, qui avez donné du pain à Mariole, aux petits, à la tante Catherine ! Mais vous ne m'aviez donc pas reconnue !

— Je ne me souviens pas de vous avoir jamais vue, madame, prononça lady Stuart d'une voix faible. Au nom de Dieu, donnez-nous votre aide !

Hélène la souleva dans ses bras et la porta sur son lit comme un enfant.

— Mon aide ! s'écria-t-elle. Ah ! je crois bien !... Mais rappelez-vous donc ! rue Saint-Honoré. Il n'y a pas bien longtemps, pas encore deux semaines... Une pauvre créature qui pleurait... Pas pour moi, jamais ! Enfin n'importe !

Vous étiez avec un beau jeune homme, presque aussi beau que vous. Et Dieu vous donnera du bonheur dans votre mariage, madame. Dites-moi votre nom pour qu'il soit chaque soir dans ma prière !

Lady Stuart dit son nom.

— La Cavalière ! vous ! dit Hélène qui recula de plusieurs pas.

Puis souriant :

— Et qu'est-ce que cela me fait ? Vertuchoux ! vous méritez bien votre nom, tout de même. Vous teniez le pistolet comme un beau petit homme ! Et c'était le roi, ce cher enfant qui était avec vous ? J'entends votre roi à vous autres...

La Cavalière rougit jusqu'à la racine de ses splendides cheveux.

— Je vous en prie, murmura-t-elle, je vous en supplie ! sauvez le roi !

— Oui bien, répondit Hélène. Nous sauverons qui vous voudrez. Ce n'était donc pas le roi qui était avec vous, rue Saint-Honoré, dans le carrosse?

— Non, prononça lady Stuart, si bas qu'il le fallut deviner au mouvement de ses lèvres.

— On dit pourtant, insista Hélène, que vous êtes la bonne amie du roi, et que vous serez reine.

La Cavalière se redressa.

— Ma vie est au roi! dit-elle avec un sourire si beau qu'Hélène porta de nouveau ses deux mains à ses lèvres. Ma vie et le du gentilhomme qui était avec moi!

Hélène sourit encore, disant:

— Pauvre roi! J'aimerais mieux être le gentilhomme... Mais qui donc est le roi?

— Vous l'avez défendu déjà contre ses ennemis; vous avez été sa providence...

— Mon blessé! s'écria Hélène; mon vagabond!...

Elle n'acheva pas le mot et se mit à rire d'une étrange façon.

— Tout ça va me faire perdre mes vingt mille livres ! pensa-t-elle. Et que dira M. Ledoux ?

Mais Nicaise, le pauvre Nicaise qui courait la campagne avec son paquet sur le dos, au bout d'un bâton, parce que la demoiselle aimait trop l'argent ! ah ! il était parti trop tôt !

C'était une drôle de grande fille. Elle donna en vérité un soupir de sincère regret à ces vingt mille livres, qui étaient la dot de Mariole, la tranquillité de la tante Catherine, et l'éducation des quatre petits, puis elle n'y songea plus.

— C'est un mignon jeune homme, madame, votre roi, dit-elle. C'est tant mieux que je n'aie pas su hier qui il était. Ah çà, vous allez donc apporter la guerre jusque chez nous, quand vous aurez le trône d'Angleterre ! pauvre grand garçon de roi ! Il n'a pas l'air méchant, pourtant !... Appuyez-vous sur moi ; nous allons descendre et choisir les meilleurs chevaux de mon écurie.

Non-seulement la Cavalière s'appuya sur elle,

mais elle lui jeta ses deux bras autour du cou, et la baisa avec enthousiasme.

— Jarnicot! voilà qui est bien! s'écria Hélène en lui rendant bonnement ses caresses. Vous n'êtes pas fière, au moins, pour une reine! Est-ce que l'autre jeune homme, le beau, ira à la cour du roi ?

Lady Stuart murmura à son oreille :

— Je ne serai jamais reine !

— Brave cœur ! dit Hélène. Ma parole, brave cœur! Voulez-vous que je monte le porteur et que je vous mène moi-même? J'en ai mené bien d'autres, allez, à Bar-le-Duc !

— Nous avons le vicomte de Chateaubriand-Bretagne parmi vos postillons, répondit la Cavalière.

— Je parie que c'est Jolicœur ! Ah! le scélérat ! comme il a bien l'air d'un vicomte, malgré sa veste jaune et son chapeau de cuir ! Allons, marchons! L'ordre du régent est tombé au feu par hasard, et quand il s'agit d'une dette de mon cœur, je me moque de Son Altesse Royale comme d'une guigne! Ah! mais!

Le fameux parchemin, signé Voyer d'Argenson, flambait déja dans le foyer, mais non point par hasard. Hélène coupa court aux actions de grâces de lady Stuart et la prit par la main.

— Je suis contente, dit-elle, autant que vous. Le difficile, ce sera d'expliquer la chose à M. Ledoux· mais il a bon cœur, quoique ce soit un esprit prudent, et il comprendra bien que je ne pouvais faire moins pour ma bienfaitrice.

Elles traversaient la chambre pour gagner le corridor de droite, conduisant à l'escalier des écuries. Lady Stuart voulut lui fermer la bouche mais elles s'arrêtèrent tout à coup. Des pas précipités sonnaient dans le corridor. En même temps, de grands bruits s'élevaient de divers côtés dans l'auberge.

— Mort ou vif, il nous le faut, dit une voix dans le corridor.

— Nous sommes perdus ! dit la Cavalière. Il est trop tard !

Elle se redressa, car le danger lui rendait ses forces. D'un bond, Hélène avait gagné la porte et tiré le verrou. En se retournant, elle vit la Cavalière debout, tête haute, serrant à la main le pistolet qu'elle avait repris à terre.

— Ah ! murmura-t-elle, quel amour de mylady vous faites ! mais il ne s'agit pas de se battre. Les femmes ne valent rien pour cela ; malgré tout, vous l'avez bien vu, hein ?

Elle riait. On frappa à la porte de droite.

— Celle-ci est libre encore, dit la Cavalière en montrant l'autre porte.

— Je le sais bien, et nous allons en user.

Une main essaya d'ouvrir la porte de droite, au dehors ; puis, comme elle résistait, on frappa une seconde fois et plus rudement.

— Qu'attendez-vous ? demanda la Cavalière avec impatience.

Hélène avait ouvert un tiroir de sa commode et mettait ses hardes sens dessus dessous.

— Ne m'en parlez pas! repondit-elle. Ce n'est pas encore installé ici, vous pensez bien. Je suis sûre d'avoir tout ce qu'il faut pour écrire ; mais ces déménagements! ne m'en parlez pas !

— Ne venez-vous pas avec moi? s'écria lady Stuart.

— Plus maintenant, répliqua Hélène. Il faut quelqu'un ici pour arrêter M. Ledoux. Vous ne connaissez pas M. Ledoux ? C'est lui qui a apporté l'ordre, et il doit gagner gros à l'arrestation de votre roi... Là, voici mon papier, ma plume et mon écritoire ! ce n'est pas malheureux.

— Ouvrez, demoiselle Olivat! commanda-t-on de l'autre côté de la porte.

— Oui, monsieur Ledoux, répondit Hélène, je passe un jupon, si vous voulez bien le permettre.

Sa voix était aussi calme que si de rien n'eût été. Dans le corridor, M. Ledoux et ceux qui l'accompagnaient s'entretenaient tumultueusement.

— Prenez un tison pour m'éclairer, madame, dit paisiblement Hélène qui disposait son papier sur la table. Il n'y a point de flambeaux ; rien n'est installé. Ah ! les déménagements !

— Peu importe votre jupon, demoiselle, cria M. Ledoux, ouvrez au nom du roi !

— On y va, monsieur Ledoux. Le roi ne peut vouloir qu'une demoiselle reçoive les messieurs sans mettre une camisole... Apportez le tison, madame, et levez-le pour que j'y voie. C'est bien cela. Merci.

Elle traça rapidement sur le papier :

« Bon pour quatre chevaux à livrer au porteur, malgré l'ordre de Paris — les meilleurs — et qu'on obéisse ! »

Et elle signa son vaillant nom, avec son titre ;

« Hélène Olivat, maîtresse de la poste de Nonancourt. »

— Descendez, disait-on derrière la porte. Je

suffis ici. Gagnez l'autre corridor par les cuisines et vous trouverez la chambre du chevalier de Saint-Georges!...

Hélène mit le papier dans la main de lady Stuart qui l'embrassa et courut vers la porte de gauche. En chemin, elle remit sur sa tête son chapeau de cavalier.

Le feu, ranimé par la chûte du tison que lady Stuart venait d'y rejeter, flamba en ce moment et lança une grande lueur.

— Il est là! cria-t-on dans le corridor. Je l'ai vu!

Et la porte de droite, cédant à la pesée d'un levier, sauta hors de ses gonds.

La Cavalière franchissait en ce moment le seuil opposé. M. Ledoux parut seul, visa froidement avec un pistolet tout armé qu'il tenait à la main et fit feu, malgré le grand cri que poussa Hélène. La porte de gauche se referma et la Cavalière disparut.

— En avant! s'écria Ledoux qui se rua au

travers de la chambre, touché ou non, nous le tenons.

Mais, à moitié chemin, il trouva Hélène qui, les bras croisés sur sa poitrine, lui barrait le passage. Il se retourna et ne vit personne derrière lui. Les gens qu'il avait, obéissant à l'ordre précédemment donné, avaient fait le tour par le rez-de-chaussée.

Il s'arrêta et essaya de composer son visage, que les lueurs du foyer éclairaient complétement.

Hélène jetait sur lui des regards stupéfaits et comme épouvantés.

— Je ne vous avais jamais vu ! murmura-t-elle. Est-ce bien vous ? Je suis sûre d'être éveillée...

— Demoiselle, dit Ledoux d'un ton froid, je suis ici pour accomplir mon devoir. Laissez-moi passer, je vous prie.

— Vous m'aviez affirmé pourtant, dit-elle comme si elle eût pensé tout haut, qu'on ne lui ferait point de mal, et qu'il retournerait sain et sauf à Bar-le-Duc.

— Laissez-moi passer, demoiselle, vous êtes la servante du régent, comme je suis son serviteur. Au nom du roi, laissez-moi passer !

Il essaya de l'écarter. Elle était dure et ferme comme une borne de pierre. Elle dit, touchant son front avec sa main, comme pour fixer de vacillantes pensées :

— Ah ! vous êtes un assassin, vous, monsieur Ledoux ! vous tuez ! vous savez tuer !

— Appelez vous assassinat l'accomplissement d'un ordre de M. le régent ! se récria Ledoux.

Hélène secoua la tête.

— Le régent est un prince français, dit-elle. Le régent n'a pas pu commander cela !

Les bruits qui emplissaient la maison de poste allaient s'enflant. Ledoux fit une seconde tentative pour avoir passage. Elle était plus forte que lui.

— Par le diable ! gronda-t-il, prenez garde !

Ses yeux luisaient aux éclats rouges de la braise.

— C'est vrai, dit-elle, c'est vrai. Jamais je ne vous avais vu.

— Me laisserez-vous passer, femme ?

— Oui, répondit Hélène d'une voix si étrange qu'il recula de plusieurs pas. Mais, Nicaise m'a dit... Il n'était donc pas fou, Nicaise ! Et je l'ai chassé !... Nicaise m'a dit : Demoiselle, tâtez donc, un jour, le bras gauche de M. Ledoux !

Le bandit devint livide.

— Monsieur Ledoux, reprit Hélène, contenant sa voix qui voulait éclater, monsieur le marquis Ledoux de Romorantin, je vous laisserai passer si vous me donnez votre bras gauche à tâter.

Il haussa les épaules en riant d'un rire sinistre. Mais il avait peur, car il lança tout autour de lui un regard effaré.

Hélène, le voyant ainsi, sembla grandir.

— Ah ! ah ! fit-elle. Vous tremblez, monsieur

Ledoux ! Il y a une fois où vous ne m'avez pas menti : c'est quand vous m'avez dit que vous me feriez trouver l'assassin de mon père !

Disant cela, elle marcha sur lui.

Et il recula encore, essayant de ricaner et grommelant :

— Cette fille est folle ! J'aurais plus tôt fait de prendre le même chemin que les autres.

Elle pressa le pas, parce qu'il reculait plus vite. Il n'osait point se retourner ; les regards d'Hélène le fascinaient.

En reculant, son pied heurta la porte, enlevée de ses gonds, qui gisait à terre ; il trébucha, puis tomba. Hélène marchait toujours sur lui.

Il eut un gémissement sourd, puis ses dents grincèrent, puis, dans sa détresse qui allait jusqu'à la démence, il la mit en joue avec son pistolet déchargé et pressa la détente d'un doigt convulsif Hélène le touchait presque : son visage se contracta ; il lui demanda grâce.

La main d'Hélène, lente et impitoyable, se

noua autour de son bras gauche, sans chercher, ni tâtonner, juste à la place où la main du mort avait creusé la chair et découvert l'os.

Il poussa un horrible cri, et la douleur, une douleur qui ne peut être dépeinte, fit sortir ses yeux de leurs orbites.

Ils voyaient, ces yeux, la tête d'Hélène, flamboyante de vengeance, qui se penchait.

Qui se penchait !...

Les dents du misérable se desserrèrent comme celles d'un loup, pour mordre. Hélène serra l'étau de torture. Il eut une convulsion de damné qui le dégagea. Alors, levant son bras droit dans un effort désespéré, il frappa un seul coup, un coup terrible et la crosse du pistolet rebondit sur le front d'Hélène.

Elle s'affaissa sur elle-même, sans prononcer une parole. Elle était foudroyée.

En la voyant tomber, le bandit revint à la vie, car il n'avait pas espéré cela. Il s'était cru condamné. Tout livide de la torture subie, il se leva et prêta l'oreille aux bruits confus qui faisaient ressembler la maison de Poste à un théâtre où éclate le cinquième acte d'un drame.

Sa première idée fut de traverser la chambre où nul ne lui barrait plus le passage, pour gagner la retraite du chevalier de Saint-Georges. Mais il se ravisa. Quelqu'un pouvait entrer ; que cette femme fût morte ou vivante, il la voulait prisonnière.

Avec des efforts infinis, il parvint à soulever la porte et à la remettre sur ses gonds. Cela fait, il rechargea avec soin son pistolet.

— Celle-ci m'aurait toujours gêné, se dit-il, regardant sans émotion aucune la pauvre grande fille qu'il venait d'assassiner. J'aurais dû, depuis le commencement, régler ainsi toutes mes mariées !

Il la tâta du pied brutalement, elle ne bougea pas. Il fut content. Comme il tournait la clef de la porte de droite pour la fermer en dedans à double tour, un roulement se fit qui annonçait le départ d'une chaise au dehors.

— Oh ! oh ! gronda-t-il, qui donc prend congé de nous sans ma permission ?...

Il enleva la clef, la cacha dans les cendres et sortit par l'autre porte, qu'il ferma également et dont il prit la clef dans sa poche. Hélène ne pouvait désormais avoir aucun secours.

— Je crois que la coquine a guéri mon bras, dit-il avec un geste fanfaron, j'ai tant souffert que je ne le sens plus ! Ce qu'un mort donne, l'autre le prend.., A sa majesté pour rire, maintenant ! C'est le bouquet !

Il entra dans la chambre du chevalier de Saint-Georges par la porte grande ouverte.

XII

OU LES ÉVÉNEMENTS DÉFILENT LA PARADE

Bien des choses s'étaient passées à la maison de poste de Nonancourt, avant et pendant l'odieux drame que nous venons de mettre en scène. Il a bien fallu, dans la rapidité du récit, négliger quelques détails auxquels nous sommes forcés de revenir.

La maison, Dieu merci! allait comme elle pouvait aujourd'hui, et, bourrée qu'elle était de pratiques, ressemblait un peu à un navire qui aurait jeté ses officiers par-dessus le bord. Le capitaine, Hélène Olivat, n'avait point paru sur le pont depuis midi, et les deux lieutenants, Nicaise et Mariole, avaient eu, paraîtrait-il, leurs petites affaires à mener, car l'équipage les avait à peine entrevus dans l'après-dîner. La chiourme des valets, suivantes et marmitons, manœuvrait donc à l'aventure, fort occupée de cette affluence d'étrangers et fort intriguée aussi des nouvelles qui allaient et venaient de l'office à l'écurie.

Chacun sut bientôt que les soldats du roi, les gens de mein herr Boër et les suivants de ce joli gentilhomme qu'on appelait M. le marquis de Romorantin, étaient à la chasse d'un gibier d'importance, et chacun espéra qu'on allait assister à quelque curieux spectacle à la maison de poste de Nonancourt.

Il y a des noms qui éclatent au travers des murailles. Je ne sais dans quel coin le nom de Cartouche avait été prononcé tout bas ; ce nom volait de bouche en bouche, affriandant les rustiques valets et faisant délicieusement frémir les servantes.

Cartouche ! M. Cartouche ! plutôt, car on le traitait avec ce respect. Il était ici, on l'avait dit ! Qui l'avait dit ? Peu importe, on en était sûr. Mais parmi tant de voyageurs, lequel était-ce ? Certes on ne soupçonnait point le beau capitaine d'Auvergne-cavalerie, non plus M. le marquis de Romorantin, ce galant gentilhomme qui voyageait avec son médecin privé, non plus ce Hollandais pesant, mein herr Roboam, dont l'aspect vous faisait songer à des sacs de rixdales, de piastres fortes et de Guillaumes à la caravelle. Mais il y en avait d'autres. Ce Cartouche prenait de si bizarres déguisements !

On ne savait trop quoi dire de cette grosse dame, la comtesse, parée comme les bœufs du carnaval. C'était peut-être Cartouche.

C'était peut-être Cartouche, ce mystérieux voyageur blessé que la demoiselle avait amené elle-même dans sa carriole, mieux emmitouflé qu'un vieux traitant en voyage. On ne l'avait plus revu. Se cachait-il ?

Mais, après tout, le Hollandais lui-même ! Pourquoi affirmer si vite et dire ainsi témérairement : Celui-là n'est pas Cartouche. S'appelle-t-on Roboam ? Roboam Boër ? En Normandie ? Il n'avait pas une bonne figure.

Morgué ! vous n'y êtes pas ! L'homme de la chambre du bout, cet Anglais qu'on avait appelé mylord ambassadeur, qui était froid comme une pierre et n'avait prononcé que deux mots, avec sa voix de corbeau, depuis qu'il était descendu de sa chaise de poste ! voilà Cartouche ! Ses valets étaient aussi taciturnes que lui, aussi roides, aussi glacés, aussi anglais, voilà les valets de Cartouche !

Le croiriez-vous ? Cartouche, M. Cartouche était cause que, malgré l'absence prolongée d'Hélène Olivat et de ses lieutenants, tout allait sur des roulettes à la maison de poste de Nonancourt. Faites croire aux gens d'un cabaret qu'ils traitent un prince voyageant incognito, chacun se surpassera. M. Cartouche était un prince ! un triple prince !

Quelques heures avant le drame de la chambre d'Hélène, M. Ledoux-Gadoche, marquis de Romorantin, avait fini par s'assoupir, après son laborieux pansement. Quand on l'éveilla, vers la brume, ses émissaires arrivaient de tous côtés, et il y avait de graves nouvelles. La route de Nonancourt à Saint-Germain, fouillée, interrogée de tous côtés, avait gardé son secret. Nulle part on n'avait trouvé la moindre trace ; Tontaine et les autres truands de la bande revenaient avec l'opinion bien arrêtée que le chevalier de Saint-Georges s'était envolé comme un oiseau.

D'autre part, Rogue et Salva, envoyés en éclaireurs sur la route conduisant à la mer, avaient, au contraire, trouvé un plein sac d'indices. On avait reconnu les deux messieurs de Coëtlogon dans un petit bois, au bord de l'Arve ; Erskine, Seymour et M. de Quatrebarbes, déguisés tous trois, attendaient à une lieue de là dans un bouchon du chemin.

Gadoche, rafraîchi par son sommeil, avait repris possession de lui-même. Ce calcul net et clair lui sauta aux yeux : s'il n'y a plus personne sur la route de Saint-Germain, c'est que le prince est passé ; si les cavaliers rôdent si près de Nonancourt, sur la route d'Evreux, c'est que le prince doit prendre cette route, qu'il n'est pas encore parti de Nonancourt.

— Prenez langue ici même ! ordonna-t-il, et retournez-moi les gens de la poste !

— C'est fait, répondit le docteur Saunier qui rentrait. Le chevalier de Saint-Georges est venu dans les bagages de la maîtresse de poste. Debout, patron, et dépêchons, si vous voulez arriver avant mein herr Roboam !

Or, c'était là le principal désir de Gadoche, car le Hollandais, indigné de ses prétentions toujours croissantes, et ne voyant venir aucun résultat, l'avait cassé aux gages. Chacun d'eux travaillait désormais pour son propre compte.

Gadoche sauta hors de son lit. Nous avons vu que, de sa chambre à coucher chez le prince, il y avait plus loin qu'il ne croyait, car pendant cela, les événements déjà racontés marchaient : La Cavalière était chez la grande Hélène et Raoul décidait l'épouse Boër à fuir avec « son royal fiancé. »

Ce n'est pas la faute de l'auteur. Il faut entrer résolûment dans cette forêt d'aventures. Un instant, notre histoire va courir la poste. Nous irons ici et là, partout à la fois, sautant de l'un à l'autre ; s'y rattrape qui pourra !

Quand la Cavalière, fuyant de chez Héleine, rentra dans la chambre de Stuart, avec son feutre dont la forme avait deux trous de balle, car Gadoche pouvait passer pour un bon tireur, et son pistolet était chargé de deux lingots, elle trouva tout sens dessus dessous. Le prince, entouré de Raoul, du vieux Douglas, de Drayton et de Courtenay, était en train de faire toilette, revêtant à la hâte un de ses propres costumes, à elle, la Cavalière. Et le vieux Douglas, disait à Raoul, en lui serrant la main à l'écossaise :

— Vicomte, il n'y a que vous ! Voilà dix fois depuis deux semaines que vous sauvez la vie de Sa Majesté ! Que le ciel confonde les fous qui nous ont amenés ici ! Mylord vicomte, ne m'avez-vous point parlé d'une jeune fille à qui vous voulez donner votre nom et votre main, quoi qu'elle ne soit point de noblesse.

— Plus bas, mylord ! baron ! dit Raoul en rougissant.

— Plus haut ! par les os de mon père ! s'écria le vieil homme. Si haut, que le monde puisse entendre, mylord ! Si Dieu m'avait donné un fils tel que vous, je mourrais trop content. Je jure sur mon honneur et par le roi que votre femme, quelle qu'elle soit, sera ma fille d'adoption, selon l'Eglise et selon la loi ! Etes-vous témoins, mylords ?

— Nous sommes témoins, répondirent tous les assistants.

Et le chevalier de Saint-Georges, sur les épaules de qui on jetait la mante de lady Stuart, ajouta :

— Mylord baron, soyez remercié. Nous ratifions votre dire.

Raoul se jeta dans les bras du vieillard.

Dans le cabinet voisin, et à l'insu de Stuart, la Cavalière, prévenue par Drayton, revêtait en toute hâte les habits que le roi venait de quitter.

Il n'était plus temps de faire usage de l'ordre signé par Hélène. Les minutes valaient des heures. Bouchard, l'intendant des écuries, se précipita dans la chambre, disant :

— Sire, hâtez-vous ! le capitaine du régiment d'Auvergne rassemble ses hommes, et le Hollandais Roboam Boër est en bas de l'escalier !

Raoul se précipita à la fenêtre, qu'il ouvrit. Une chaise était attelée dans la cour, avec les quatre bons chevaux de l'épouse. Les deux montants d'une échelle dépassaient l'appui de la croisée.

— Venez, sire, dit-il.

— N'aurai-je point l'adieu de lady Stuart de Rothsay ? demanda le roi, et quand la reverrai-je ?

— A bord du vaisseau qui conduira Votre Majesté en Ecosse, sire, répondit la Cavalière invisible, car elle était dans la chambre voisine pour revêtir des habits d'homme.

Raoul descendit le premier ; le chevalier de Saint-Georges le suivait.

Dans la cour, les chevaux impatients piaffaient. Au rez-de-chaussée de la maison de poste et au premier étage, on voyait à toutes les croisées des lumières courir follement. Raoul se présenta à la portière de la chaise, où était l'épouse Boër.

— Descendez, comtesse, dit-il.

— Savez-vous ! s'écria l'épouse. Que je descende ! de mon propre carrosse !

— C'est la volonté de votre royal fiancé qui mène avec lui ses ministres. Votre Majesté le rejoindra.

— Mais... voulut objecter la reine présomptive.

— Chut !

Raoul lui prit les deux mains et l'attira au dehors, au risque de se faire écraser sous la masse.

Par l'autre portière, le chevalier de Saint-Georges montait.

M. de Bourbon Courtenay était en-selle sur le porteur. La chaise partit au galop, avec ce bruit de tonnerre que Gadoche entendit dans la chambre d'Hélène.

L'épouse regarda tout autour d'elle. La cour était déserte et la porte cochère se refermait du dehors.

— Ah ! savez-vous ! murmura-t-elle. Comprenez-vous !... vous concevez ! C'est la conspiration ! Mon royal époux m'expliquera cela. La route qui mène au trône ne va pas tout droit !

En ce moment, on frappait des coups redoublés à la porte de la chambre que le chevalier de Saint-Georges venait de quitter, et l'inévitable « Au nom du roi ! » retentissait dans le corridor.

Restaient dans la chambre Drayton, le vieux baron Douglas et quelques fidèles. La Cavalière était dans le cabinet. Drayton ouvrit.

Roboam Boër fit passer prudemment une demi-douzaine de ses hommes et entra derrière eux, criant à tue-tête :

— Sire, ne résistez pas ! on vous fera quartier.

Il ajouta en anglais à un grand gaillard en livrée qui le suivait :

— Quartier, pour le moment ; en route, on verra ce qu'on aura à faire... Mylord ambassadeur sera content de nous ! je vous le promets !

Quand il se fut assuré que tout le monde, dans la chambre, était sans armes, il écarta ses estafiers et vint se placer au premier rang.

— Lequel d'entre vous, demanda-t-il après avoir regardé les assistants l'un après l'autre, est l'Ecossais Jacques-Edouard Stuart, qui prend indûment le nom de chevalier de Saint-Georges?

Personne ne répondit. On voulait gagner du temps. Roboam choisit le plus ronflant parmi les jurons des Pays-bas et répéta sa question en ajoutant :

— Mes braves, on va vous faire parler à la pointe de l'épée !

— Sois respectueux, coquin, prononça enfin le vieux Douglas avec un froid mépris. Tout le monde ici est gentilhomme, excepté toi !

Boër se tourna vers le grand gaillard à livrée qui l'accompagnait et lui dit :

— S'ils résistent, ce serait une occasion !... on s'en consolerait.

— Le Stuart n'est pas là, répondit l'autre à voix basse. Je le connais.

Il n'y avait pas à se méprendre à son accent.

Celui-là était un Anglais. Boër fronça le sourcil et enfla ses joues, l'autre ajouta :

— Il y a le cabinet... Visitez !

— L'épée à la main ! ordonna aussitôt Boër, et qu'on fouille ce cabinet !

Comme les épées grinçaient en sautant hors du fourreau, la porte du cabinet s'ouvrit, et la Cavalière parut sur le seuil, portant le costume complet du chevalier de Saint-Georges.

— C'est lui, pour le coup ! s'écria Boër. C'est bien le Stuart !

Le prétendu Stuart avait les bras croisés sur sa poitrine, et son feutre rabattu lui couvrait la moitié du visage.

— Qu'on s'empare de lui ! commanda Roboam qui sentait déjà sa poche gonflée par les deux millions et demi de lord Stair.

— Arrêtez ! s'écria une de ces voix flûtées qui généralement sortent de la gorge des très grosses femmes. Ah ! savez-vous, arrêtez !

En même temps un paquet de satin, de fleurs

et de rubans, le tout de couleurs tendres, passa la porte et traversa les rangs comme un boulet de canon. C'était l'épouse. Elle entoura le faux Stuart de ses deux bras, potelés jusqu'à l'extravagance, et leva les yeux au ciel en déclarant :

— Vous me percerez le cœur, cruels, avant d'arriver jusqu'à mon royal époux, vous concevez ! J'ai répudié mein herr Boër.

Au milieu de la stupéfaction générale, car nul ici ne s'était attendu à cet incident burlesque, un large rire éclata derrière Boër.

— Bravo ! mein herr Roboam ! cria Gadoche qui, lui aussi, amenait ses suivants. Bravo ! comtesse ! Je ne déteste pas ces histoires de noces romanesques !

Les dents du Hollandais grincèrent dans sa bouche.

— Cette folle ira coucher ce soir aux Madelonnettes ! gronda-t-il.

Sur un ordre de lui on s'empara de l'époues

que son « royal conjoint » ne fit point mine de défendre.

Boër poursuivit :

— En tout cas, monsieur le marquis de Romorantin, vous arrivez un peu tard. Pendant que vous cherchiez, moi je trouvais. Mylord ambassadeur décidera entre nous. Stuart est mon prisonnier.

— Stuart est sur la route de Honfleur, répondit Gadoche avec un mépris railleur.. Votre prisonnier n'est qu'une femme !

Boër s'élança, et d'un geste violent, il arracha le feutre de la Cavalière dont les longs cheveux tombèrent en flots abondants sur ses épaules.

— Une femme ? répéta-t-il absourdi.

— Et mylord, poursuivit Gadoche, vous jugera pour ce que vous êtes, meinherr Roboam, une dupe.

— De par tous les diables ! s'écria le Hollan-

dais exaspéré, cette femme payera pour tous.
Elle a favorisé la fuite du Stuart. Je l'arrête !

La Cavalière entrouvrit son pourpoint et lui tendit un papier déplié.

— Ceci est un sauf-conduit de monseigneur le régent, dit-elle.

Tout le monde prêta l'oreille, parce qu'on entendait dans le corridor le pas régulier d'une troupe de soldats, tout le monde, excepté Boër, qui, dans sa fureur aveugle et sourde, s'écriait :

— Que m'importe ce chiffon ! Qu'on l'arrête! qu'on l'arrête !

Les crosses des mousquetons de Royal-Auvergne résonnèrent en touchant toutes à la fois le plancher, Boër se retourna enfin, Gadoche se frottait les mains et riait de tout son cœur.

Le capitaine marquis de Crillon approchait d'un air calme et poli.

— Pour Dieu, messieurs les Hollandais, dit-il, messieurs les Anglais, messieurs les habitants de n'importe quel pays, nous sommes ici à Nonancourt, ville de la province de Normandie, qui n'est, que je sache, ni en Angleterre, ni en Hollande. Commençons, s'il vous plaît, par respecter le seing de S. A. R. le régent de France !

Boër, confus, avait fait un pas en arrière. Le marquis de Crillon baisa la main que lady Mary Stuart lui tendait, et adressa un geste amical aux gentilshommes de la suite du chevalier de Saint-Georges.

— Vous êtes libre, belle dame, dit-il. Mylords et messieurs, vous êtes libres, du moment que le prince Jacques Stuart n'est point parmi vous. En lui présentant mes hommages respectueux, je vous prie seulement de l'engager à ne se point trouver sur mon chemin. Je suis soldat, j'ai mes ordres, et avec le plus grand regret du monde, je serais obligé de mettre la main sur sa personne royale... Faites place à lady Mary Stuart de Rothsay et à ces gentilshommes, messieurs.

Les rangs s'écartèrent. Sans lâcher la main du

marquis, la Cavalière lui dit tout bas, en montrant Gadoche :

— Celui-là est un assassin !

Le marquis s'inclina avec grâce. Lady Stuart et sa suite sortirent. Sans affectation aucune, Gadoche prit, derrière eux, le chemin de la porte.

— Restez, ordonna le marquis de Crillon.

— Vous avez à me parler ? demanda insolemment Gadoche.

— Oui... et à vous faire pendre aussi, Louis-Dominique Cartouche, prononça le capitaine de Royal-Auvergne.

Ce nom produisit son effet ordinaire. Il se fit un large cercle autour de Gadoche, qui sembla un instant étonné, et même un peu fier.

— Cartouche, répéta Boër avec un évident plaisir, c'est roué vif, alors qu'il fallait dire !... J'irai voir cela en place de Grève.

Crillon appela un soldat et lui dit :

— Fers aux pieds, menottes aux mains, jetez-le-moi comme un paquet dans le fourgon ? Vive

Dieu ! Le misérable a osé prendre une fois l'uniforme et le nom d'un officier de Royal-Auvergne !

Ce n'était peut-être pas là le plus grand de tous les crimes de Cartouche, mais Royal-Auvergne en jugeait autrement. Les chaînes sonnèrent, on entendit grincer les agrafes des menottes. Gadoche avait pâli.

— Monsieur le marquis de Crillon, dit près de la porte une voix gutturale, comment vous portez-vous ?

Le front de Gadoche se rasséréna au son de cette voix. Un homme venait d'entrer sans bruit, froid, droit, roide, grave et portant sur son visage busqué tous les caractères du type britannique.

— Mylord ambassadeur d'Angleterre ! murmura Crillon étonné. Je ne m'attendais pas à trouver ici Votre Seigneurie. Je me porte bien, et vous ?

— Assez bien, monsieur le marquis, répliqua lord Stair. Je vous prie, faites retirer ces chaînes et ces menottes. Cela contriste le cœur d'un Anglais libre !

— Mylord, je suis désolé de vous refuser...

— Cet homme appartient à ma maison, monsieur !

— Cartouche !..... faisant partie de votre maison !

— Cet homme n'est pas Cartouche. Fût-il Cartouche, je le réclame au nom de S. M. le roi George, mon maître, déclarant qu'il est sujet anglais !

Dubois régnait sous Philippe d'Orléans. Il n'y avait pas à hésiter. Dubois avait ses meilleurs revenus de l'autre côté de la Manche.

— Mylord, dit pourtant l'officier français, Votre Seigneurie me donnera un reçu, signé de sa main, constatant que l'ambassadeur d'Angleterre a réclamé un homme qui est ou qui n'est pas Cartouche, mais que je déclare, sur ma parole, moi, marquis de Crillon, un misérable bandit et un lâche assassin !

Il couvrait, ce disant, l'ambassadeur d'un provoquant regard. Lord Stair répondit sans s'émouvoir le moins du monde et avec courtoisie :

— Si un tel reçu peut vous être utile ou agréable, monsieur le marquis, je vous le donnerai.

— Et feriez-vous volontiers, par hasard, le coup de pistolet avec moi, demain, mylord ? demanda le capitaine d'Auvergne qui se rapprocha de lui brusquement.

— Non, monsieur, répondit lord Stair. Je vous rends grâces. J'ai gagné des batailles rangées.

Gadoche, dans l'exaltation de sa reconnaissance, eut l'impudence de lui tendre la main.

— C'est bien fait, mylord comte, dit le marquis de Crillon, qui était vengé.

Mylord ambassadeur tourna le dos à Gadoche, salua froidement le marquis, sortit à pas lents et traversa toute la longueur du corridor suivi par le grand gaillard à livrée qui avait accompagné mein herr Roboam durant l'expédition.

Mylord ambassadeur était « l'Anglais de la chambre du bout. » Le grand gaillard était un autre Anglais, diplomate à la suite, qui n'avait gagné que de coquines batailles. Rule Britannia !

L'Angleterre pour toujours !

XIII

COMMENT CET AGNEAU DE NICAISE REVINT AU BERCAIL
TRANSFORMÉ EN LOUP

Nous n'en avons pas fini encore avec les événements de cette soirée.

Pendant qu'avait lieu cette scène bizarre et assurément caractéristique qui termine notre dernier chapitre, Raoul, un instant maître de la maison de poste, en l'absence de Royal-Auvergne, des gens de Boër et des gens de Gadoche, qui tous étaient réunis dans la chambre du « vagabond, » faisait atteler tranquillement la magnifique chaise de l'*Anylais de la chambre du bout*, et la chaise, non moins confortable de mein herr Roboam Boër.

Il avait bien trouvé quelque résistance aux écuries, à cause de l'ordre du régent, mais il était homme à faire marcher les gens quand il voulait. D'ailleurs, il y avait l'ordre contraire, signé par Hélène Olivat, maîtresse de poste.

On avait monté pour la consulter, cette puissante Hélène, dans ces conjonctures difficiles, mais elle avait obstinément refusé de répondre et ses portes étaient closes. D'un autre côté, on ne pouvait trouver nulle part, ni le fatout Nicaise, ni la petite demoiselle Mariole. C'était bien une maison sans maîtres que cette poste de Nonancourt, aujourd'hui !

Nous savons ce qu'était devenu le pauvre Nicaise. Quant à Mariole, vous ne devineriez pas ce qui lui était arrivé, vous le donnât-on en mille !

Deux hommes étaient entrés dans sa chambre,

comme elle allait faire sa prière avant de se mettre au lit, et lui avaient déclaré qu'il fallait monter en voiture sur l'heure. Ces deux hommes n'étaient ni des émissaires de Gadoche, ni des âmes damnées de Roboam Boër; Ils venaient de la part de Raoul. L'un paraissait être d'un âge très-mur, l'autre était tout à fait un vieillard.

Ils avaient, du reste, les deux plus respectables tournures que l'on pût voir, et ceci n'étonnera point le lecteur quand il saura que l'un d'eux était le bon Drayton, valet de la garde-robe de Jacques Stuart, et l'autre le baron Douglas en personne. Certes, avec de pareils étourdis, une aventure ne pouvait être que vénérable au premier chef.

Cependant, la pauvre Mariole ne connaissait ni l'un ni l'autre. Elle avait défiance et peur. Abandonner sa grande sœur Hélène qui, une heure auparavant, la comblait encore de si exquises tendresses, lui semblait d'ailleurs une monstruosité. Elle résista.

Il paraît que ni cet honnête Drayton, ni ce digne baron Douglas de Glenbervie, plus sage pourtant que le sage Mentor, n'avaient plus le temps de lui offrir les explications voulues. Drayton la saisit sans façon dans ses bras, et comme elle criait à l'aide, lord Douglas, qui la regardait avec un ravissement de père, lui noua un mouchoir sur la bouche.

Assez serré, même : il eut cette cruauté. Et ce qui épouvanta d'autant Mariole, pendant qu'elle était ainsi, ne pouvant plus se défendre, il déposa un baiser sur son front.

C'en était fait. Dans cette maison en trouble il n'y avait point de défense possible. Toute la domesticité était en effet à rôder dans le corridor de droite, autour de la chambre du vagabond, pour tâcher de surprendre le grand mystère.

Les deux ravisseurs avaient tous deux le pas lourd et ne se gênaient point. Pourtant, en gagnant la cour avec leur gracieux fardeau, ils n'éveillèrent l'attention de personne.

Ils trouvèrent dans la cour les deux chaises tout attelées. Mariole fut déposée dans l'une d'elles, auprès d'un beau jeune homme, (car lady Mary Stuart n'avait point quitté son costume masculin,) puis, comme on n'attendait pas autre chose, les deux chaises partirent au galop.

Quelques instants après ce fut une débandade. La maison de poste se vida comme elle s'était emplie. Le motif qui avait amené tout ce monde ayant disparu, personne ne resta.

Personne, pas même l'Anglais du bout, qui fit grand bruit de la perte de sa chaise et foudroya les gars de l'écurie, disant que l'Angleterre ne laisserait jamais traiter ainsi un lieutenant de Marlborough : à quoi un gamin normand répondit par la chanson fameuse dont le refrain est : « mironton, tonton, mirontaine. » Heureusement, l'affaire n'eut pas de suite, et la paix du monde subsista.

Avant de s'en aller dans je ne sais quel véhicule, mylord ambassadeur eut une conférence avec Piétre Gadoche, qui devenait décidément un homme politique.

Mein herr Roboam, au contraire, avait perdu cent pour cent. L'Anglais de la chambre du bout ne daigna pas le regarder. Privé, lui aussi, de sa chaise, il fit atteler tant bien que mal la propre carriole d'Hélène, et se vit obligé, pour comble d'avanie, d'y recevoir l'épouse qui pleurait à hauts cris la trahison de son royal fiancé. Ce fut désormais un bien mauvais ménage.

Piètre Gadoche et ses hommes avaient déjà pris la route d'Evreux.

A leur tour, les cavaliers d'Auvergne, commandés par leur galant capitaine, s'éloignèrent. C'étaient les derniers hôtes de la maison de poste. Ainsi finit dans la solitude et le silence cette journée remplie de foule et de bruit.

A neuf heures du soir, un voyageur passant sur la grande route aurait pris la poste de Nonancourt pour un logis abandonné.

Le coup de crosse de pistolet donné par M. Gadoche-Ledoux, marquis de Romorantin, avec la violence du désespoir, eût assommé un bœuf. la grande Hélène plus solide qu'un bœuf ne fut qu'étourdie. Elle se retrouva dans une obscurité complète, faible, brisée, souffrant de sa tête qui était plus lourde qu'un plomb et cherchant en vain à rassembler ses souvenirs. Il était alors huit heures du soir tout au plus, et la maison était encore pleine de sourds fracas.

Elle appela, personne ne répondit. Elle se traîna successivement vers les deux portes qui étaient closes. Le premier souvenir, alors, traversa la confusion de sa pensée.

— L'assassin les a fermées!

Mais ce qu'elle avait de raison combattait ces vagues lueurs de la mémoire. Elle se croyait le jouet d'un cauchemar.

Comme il se faisait un bruit croissant dans la cour, elle parvint à gagner la fenêtre. L'effort ébranla son cerveau davantage. Quand elle eut réussi cependant à grand'peine à mettre son regard au niveau des carreaux, elle vit des lanternes d'écurie aller et venir et deux chaises de poste attelées, puis deux hommes sortirent de l'escalier de droite, portant un fardeau dans leurs bras : deux vieillards ; Hélène pouvait distinguer leurs cheveux blancs. Au moment où ils s'approchaient de l'une des chaises de poste pour y charger leur fardeau, une lanterne passa. Le fardeau était une femme, Hélène poussa un cri d'horreur ; la femme avait le visage de Mariole.

Le cauchemar ! Etait-ce donc possible ? Elle s'affaissa, engourdie et comme morte. Cette fois, elle perdit connaissance pendant un temps assez long.

Tous les bruits avaient cessé quand elle reprit ses sens. Elle était transie de froid, elle rampa jusqu'au foyer qu'elle trouva plus glacé qu'elle. Sa main toucha son crâne qui lui renvoyait de brûlantes douleurs et retomba mouillée de sang.

— L'assassin ! dit-elle encore. L'assasin de mon père !

Elle appela pour la seconde fois : Mariole ! Nicaise !

Nicaise ! Elle se souvint. Elle avait chassé Nicaise...

Mais Mariole ! Elle se souvint encore. Ce fardeau, cette femme qu'on enlevait, c'était Mariole...

L'idée du cauchemar, sa suprême consolation, s'enfuyait. Et pourtant cela ressemblait bien à un cauchemar. Elle était paralysée, elle était prisonnière, elle avait cette horrible impuissance qui est le pire supplice des mauvais rêves.

Le lit n'était pas loin de la cheminée ; elle se traîna d'instinct jusqu'au lit et y demeura, étendue comme un corps inanimé.

C'était une nuit sans lune, froide et belle, avec un firmament exempt de nuages, au bleu profond duquel pendaient des milliers d'étoiles.

Onze heures venaient de sonner à l'horloge de la petite église de Nonancourt, lorsque des pas de chevaux éveillèrent le silence nocturne sur la route d'Evreux, qui était complétement déserte.

Il y avait deux chevaux, dont l'un était monté à poil, et l'autre tenu en bride à l'aide d'un bout de corde. On eût dit un voleur de chevaux en ce pays où, de tout temps, prospéra l'industrie du faux maquignonnage.

Voleur ou non, il dépassa Nonancourt avec ses chevaux de pâture à tous crins, sans selles ni brides, et s'arrêta devant la porte de la maison de poste. Avant de mettre pied à terre, il écouta un instant.

— Trébigre ! grommela-t-il, les gueux l'ont bien dit : le monde s'est en allé tout en grand !

Il sauta sur l'herbe, et, sans quitter ses chevaux en lesquels il ne semblait point avoir une absolue confiance, il tira de sa pochette une grosse clef qu'il introduisit dans la serrure de la porte cochère.

— Heureusement que j'avais oublié de la rendre à la demoiselle ! dit-il encore.

La porte étant ouverte, le fatout, que nos lecteurs ont pu reconnaître à tâtons, fit entrer les deux chevaux et la referma. Il marcha droit à l'écurie grande ouverte et complètement vide.

— C'est ça ! c'est bien ça ! murmura-t-il. Tout le res'e doit être vrai. Ah ! la pauvre demoiselle !

Il battit le briquet vitement et alluma une lanterne de palfrenier, qui lui servit pour harnacher tant bien que mal ses deux bêtes avec les objets de rebut que les partants avaient laissés. Il donna à chacun des chevaux un plein seau d'avoine et gagna la remise.

— Ah ! jarnigodiche ! s'écria-t-il. La carriole aussi ! ils ont volé jusqu'à la carriole !

Ce fut tout. Il était pressé, le bon Nicaise. Il fit le tour des murailles en courant, cherchant un objet qu'il ne trouvait point. Il se heurta contre l'échelle qui était encore dressée contre la fenêtre de la chambre du chevalier de Saint-Georges. C'était justement ce qu'il cherchait.

— Tiens! gronda-t-il, la voilà! Elle aura servi à quelqu'un!

Il la prit et la porta un peu plus loin, sous la fenêtre de la chambre d'Hélène. Il mit le pied sur le premier échelon, mais il se ravisa disant :

— Avant, il faut que je voie pour la Poupette!

Il s'élança dans l'escalier de gauche qu'il monta quatre à quatre et ouvrit la porte de Mariole, sans frapper au préalable. D'un coup d'œil il vit le lit vide et n'eut point d'étonnement.

— C'est ça! dit-il, c'est bien ça !... Et par alors, je n'ai pas besoin d'aller à la porte de la demoiselle, puisque le gueux l'a fermée en dedans!

Il redescendit toujours au pas de course, et Dieu sait comme ses gros souliers sonnaient sur les degrés. Mais personne ne donna signe de vie. En vérité, du haut en bas, cette maison semblait morte.

Sans hésiter, désormais, Nicaise grimpa à l'échelle. Parvenu au premier étage, il brisa un carreau avec le coin de sa lanterne, passa sa main par le trou et ouvrit la fenêtre.

— Est-ce que vous dormez, demoiselle ? demanda-t-il avec un grand serrement de cœur.

Le silence seul répondit, Nicaise se sentit trembler, et sa poitrine rendit un gémissement.

Il entra pourtant, mais il chancelait en marchant vers le lit où sa lanterne lui montrait de loin une masse noire et confuse.

Il fut obligé de faire un terrible effort sur lui-même pour tourner l'âme de sa lanterne vers cette masse noire. Il vit la belle tête pâle d'Hélène Olivat qui était souillée de sang.

Le cœur lui manqua. Mais il vit aussi que la

poitrine allait et venait régulièrement et fortement soulevée par la respiration.

— Bigre de bigre! soupira-t-il comme si un poids de cent livres eût débarrassé sa gorge. Elle souffle! Bonne tête! et dure! Ah! le gredin me payera la peur que j'ai eue! et plus cher qu'au marché!

Il regarda désormais les traces de sang qui étaient partout sur le plancher.

— Bah! bah! marmottait-il presque gaiement. Elle souffle! Quel brin de fille, tout de même!

Au lieu de retourner vers le lit, cependant, il ouvrit l'armoire d'Hélène qu'il avait aidé lui-même à ranger dans la matinée. Il y prit diverses hardes, choisies avec soin, et en fit un paquet. Après quoi, il déterra, sous un énorme paquet de draps de lit, une paire de vieux pistolets de guerre qui avaient appartenu au bonhomme Olivat. Il les chargea de poudre abondamment; il les bourra de toute sa force et coula dans chaque canon trois balles, dont la dernière restait en vue à un demi-pouce de la gueule.

— Le coquin! dit-il. Si je les lui loge dans le ventre, je promets bien de faire un joli cadeau à Notre-Dame de Béhonne!

Il cacha les deux pistolets ainsi terriblement chargés sous son pourpoint. Ce n'était pas tout encore. Il reprit sa lanterne et gagna le foyer dont il remua les cendres avec la pincette. La pincette rendit bientôt un son clair en touchant un objet métallique.

— Tout ce qu'il a dit aux autres est vrai! grommela-t-il, tout! voilà la chose!

Et il se saisit de la clef, perdue dans les cendres.

— Parce que, reprit-il, faut qu'elle mange un brin, la demoiselle. Elle n'a volontiers rien eu sous la dent depuis sa soupe de midi, et quand nous allons repasser, le cabaret de Droisy sera fermé.

Il ouvrit la porte de gauche pour descendre à la cuisine, et revint bientôt avec du vin, du pain et de la viande froide.

— Là ! fit-il, on peut l'éveiller maintenant.

Il s'approcha du lit et appela bien doucement.

— Demoiselle ! demoiselle Hélène !

Celle-ci se mit aussitôt sur son séant.

— Qu'y a-t-il ? demanda-t-elle, le bonhomme a-t-il pris mal.

Nicaise baissa les yeux.

— Ah ! reprit-elle, j'étais encore à Bar-le-Duc !... et je rêvais de Mariole... qu'est-ce que j'ai donc à la tête : fatout !

Il ouvrait la bouche pour répondre, quand elle poussa un grand cri.

— Mariole ! j'ai vu Mariole ! et ce n'était pas en rêve.

Nicaise garda le silence.

— Mariole ! ma petite fille, mon cœur ! reprit-elle avec un sanglot. Ils ont enlevé Mariole !

— Nous la retrouverons, demoiselle, dit le fatout.

Elle le regarda avec un étonnement profond.

— Toi ici! prononça-t-elle à voix basse. Toi! je ne sais plus ce qui est vrai, ni ce qui est rêve.

— Demoiselle, dit Nicaise d'une voix ferme, tout est vrai, il n'y a point de rêve.

Elle courba la tête, montrant pour la première fois toute la blessure qui ensanglantait ses cheveux.

— Trébigre! dit le fatout. M. Ledoux n'y a pas été de main-morte, non!

— M. Ledoux! s'écria Hélène qui se redressa d'un brusque mouvement. L'assassin! qui donc t'a dit cela?

— Hein? murmura Nicaise, non sans triompher un petit peu. Je ne suis pas si bête que j'en ai l'air, demoiselle. C'est moi qui vous ai dit de lui tâter comme ça le gras du bras... Et vous l'avez tâté tout de même!

Il s'interrompit pour s'appliquer un coup de poing dans la figure, mais pas trop fort, et ajouta :

— Quoique, s'il vous avait fêlée tout à fait, j'aurais resté inconsolable, à cause que j'en étais l'innocent auteur !

Hélène lui tendit la main. Elle avait comme un frisson rétrospectif et profond en se rappelant la cruelle angoisse de sa première heure de solitude.

— Je t'ai donc chassé, mon pauvre Nicaise! Toi! je t'ai renvoyé!

— Je ne sais pas trop, demoiselle. Je crois plutôt que c'est moi qu'ai fait mon paquet.

— C'est vrai…. c'est vrai! Embrasse-moi, Nicaise!

— Pour ça, demoiselle, avec bien du plaisir!

Elle le serra d'un effort nerveux contre sa poitrine.

— Tu ne t'en iras plus jamais, n'est-ce pas, murmura-t-elle.

— M'est avis que non, demoiselle, jamais !

Il hésita et poursuivit avec sa voix dolente d'autrefois :

— Si seulement vous saviez...

Mais Hélène le repoussa comme elle l'avait attiré.

— Mariole ! reprit-elle. Où est Mariole !

— C'est donc fini déjà ? soupira le pauvre fatout.

— Et comme Hélène répétait : Mariole ! Mariole ! il approcha du lit la table où étaient le pain, le vin, la viande froide et la lanterne.

— Puisque c'est fini, dit-il résolument, mangez voir un petit. Vous faut des forces. Moi, pendant cela, je vas vous narrer mon histoire.

Je ne sais comment la chose se fit, mais Hélène ne mangea point, malgré son long jeûne ; au contraire, le fatout, qui avait bien soupé, raconta son histoire la bouche pleine,

— Il y a donc, commença-t-il en versant à Hélène un large verre de vin, que, sur son refus, il but d'une avalée, il y a donc, demoiselle, que vous vouliez livrer un chrétien pour de l'argent...

— Passe, dit la grande fille, d'une voix pleine de repentir. Dieu m'a punie!

— Oui bien! et il a eu raison, demoiselle. Ça me fait honneur tout de même d'avoir été du même avis que le bon Dieu. Ne vous fâchez pas c'est des compliments que j'allais vous faire. Par quoi, en m'en allant, je me demandais tout le long de la route : C'est-il possible qu'elle ait des idées pareilles dans la tête, elle, la demoiselle, qui est la bonne des bonnes! faut qu'on lui ait jeté un sort!

— On m'avait jeté un sort! murmura Hélène.

— Bien sûr et bien vrai: Je m'ajoutais : Elle ne le fera pas! ma parole sacrée, vous verrez qu'elle ne le fera pas!

— Et tu es revenu, bon Nicaise, sur cette seule pensée?

— Ah! mais non! pas sans savoir! J'étais buté, moi aussi! J'aurais piétiné jusqu'au bout du monde sans me retrouver, après que vous m'aviez dit, sans me le dire, s'entend : J'aime mieux les vingt mille livres et ce scélérat de Ledoux que toi, Nicaise, et ma bonne conscience...

— Tu me bats sur le cœur! dit Hélène.

— Bien, bien. Est-ce que je ne sais pas qu'au lieu de le livrer, vous avez risqué votre vie pour le défendre!

Il mangeait de toute son âme, mais il avait l'œil humide et il montrait, avec une cuisse de poulet qu'il tenait à la main, la blessure d'Hélène.

— Mais comment sais-tu cela! demanda-t-elle, étonnée. Je ne l'ai dit à personne!

— Je crois bien! Vous étiez sous clef! C'est l'histoire. Laissez-moi conter, demoiselle. N'ayant donc pas mangé depuis le goûter, et me sentant creusé par mon chagrin, — moi, ça me produit cet effet-là, la peine, — j'entrai au cabaret de Droisy, à trois lieues d'ici, sur la route, pour demander un morceau de pain avec une chopine. J'étais si triste que ça ne me suffit pas. A ma troisième chopine et à mon troisième morceau aussi, on ne peut pas boire sans manger; pas vrai, demoiselle, voilà qu'un tas de mal-voulants envahissent le bouchon. J'aime mes aises, vous savez ; je m'étais installé dans un bon petit cabinet, clos comme une boîte, où les vents coulis ne venaient point. Vous auriez fait comme moi, car vous soignez joliment votre corps. Enfin n'importe. Les malandrins tapèrent sur les tables, demandèrent du vin, du brande-vin, le diable, quoi ! mais ils ne me virent pas plus que si j'avais été à la cave. Moi, je les voyais par les fentes de ma porte. Et devinez qui c'était ? le boiteux de là-bas, au Lion-d'Or...

— Un des assassins de mon père !

— Deux, car le juif portugais était avec lui. Trois, car M. Ledoux les suivait !

— Cartouche ! s'écria Hélène.

— Ah ! mais non, répliqua le fatout. Ça, c'est une erreur de ma part.

Il se reprit :

— Il n'y a que notre saint-père le pape pour ne pas se tromper, dites donc ! M. Ledoux n'est pas Cartouche. Il est pire que ça !

— Pire que Cartouche ! se récria Hélène.

— Ah ! mais oui. M. Ledoux est Gadoche !

— Piètre Gadoche ! répéta Hélène, celui qui incendia notre maison du pont Notre-Dame ! c'est donc le démon !

— Approchant. Gadoche l'épouseur ! Il en est à sa douzième femme, comme il dit. Vous auriez été la treizième, quoi, demoiselle !

Hélène se couvrit le visage de ses mains.

— Est-ce lui qui a enlevé Mariole ? demanda-t-elle d'une voix étouffée.

— Il ne s'en est pas fallu de beaucoup, demoiselle, J'avais surpris toute sa mécanique dès ce matin, et si je ne vous en ai rien dit, c'est que vous étiez d'accord avec lui.

— Quoi! tu croirais!... s'écria la grande fille indignée.

— Ecoutez donc, dit Nicaise en se versant à boire tranquillement, vous en teniez dans l'aile! Il n'y a pas à dire non! J'avais méfiance. Mais laissez-moi dire. Nous sommes au cabaret de Droisy. Bravo, Gadoche! qu'ils criaient donc, bravo, capitaine! Pourquoi qu'ils criaient cela? Parce que le damné coquin venait de raconter comment il vous avait donné de la crosse de son pistolet sur la tête, et terrassée, et enfermée, après avoir caché la clef de l'autre porte dans les cendres. Tout ça m'a servi. Voyant que vous n'aviez pas vendu le jeune homme pour vingt mille livres, et que vous restiez dans l'embarras, toute seule, car ils avaient dit aussi comme quoi la chambre de la Poupette était vide...

— Tout ce que tu sais sur elle, fatout, dit impétueusement Hélène, je t'en prie, tout ce que tu sais !

— Je ne sais rien, demoiselle, sinon que la petiote est en route, pour la ville de Honfleur.

— Avec qui ?

— Avec M. Raoul, à qui j'avais coulé deux mots avant de partir.

— Toi ! malheureux, toi !

— Pas si bête, vous verrez bien !

— Je veux courir après elle ! s'écria Hélène qui fit un mouvement pour se lever.

— Comme de raison, demoiselle, répliqua Nicaise. Ça ne fait pas l'ombre d'un doute, mais attendez la fin. Voyant donc que vous n'aviez pas commis la faute, j'ai payé le cabaretier et je suis sorti par la porte de derrière. Pière Gadoche avait dit encore qu'il ne restait pas chez vous un seul cheval : en conséquence de quoi, j'en ai emprunté deux au pâturage là-bas, qui sont tout sellés et bridés à l'écurie, mangeant l'avoine comme moi, et comme moi prêts à partir...

— Et ajouta-t-il en repoussant son assiette et son verre, vides tous deux, pour se lever et redresser sa robuste taille, qui était belle, après tout, quoique un peu dodue, je crois que je ne suis plus un poltron, demoiselle. Vous pouvez bien venir sous ma garde. La dernière peur que j'ai eue, c'est de vous voir morte. Trébigre! celle-là par exemple, c'était une solide peur! Mais pour ce qui est des loups, des hommes ou des diables, eh bien, je suis comme tout le monde...

Il se reprit et rectifia d'un ton véritablement viril.

— Comme tout le monde qui est brave et solide, s'entend, demoiselle!

Hélène le regardait de tous ses yeux.

— Or donc, poursuivit il, avez-vous de la vigueur assez pour faire vingt lieues à cheval? C'est la distance pour retrouver votre Poupette et l'assassin du bonhomme. Si vous ne pouvez pas, j'irai tout seul, et aussi bien, ça reviendra au même, car c'est moi qui tuerai le Gadoche, vous savez?

— Ce sera le bourreau! dit Hélène d'une voix sombre en descendant de son lit.

— Savoir! quand on les tient, il ne faut pas les laisser s'envoler. Écoutez! Il m'a trop taquiné, quand il s'appelait M. Ledoux, ce coquin-là! J'ai mon idée.

Hélène fit quelques pas en s'appuyant à son bras.

— Eh bien, demanda Nicaise, vous êtes trop faible, pas vrai, demoiselle?

Hélène répondit:

— Partons!

XIV

DES GENS QUI HABITAIENT LES DIVERS ÉTAGES DE LA MAISON-ROUGE

Le Hàvre-de-Grâce ne ressemblait guère alors à l'immense cité que nous voyons aujourd'hui s'étendre des galets de Sainte-Adresse jusqu'aux falaises Sainte-Honorine, englobant la montagne d'Ingouville, les anciens travaux de Vauban, la plaine Saint Nicolas, le village de l'Eure, couvrant enfin, comme une marée montante engloutit les grèves, le lieu où fut la tour François Ier et le terrain où se dressait la citadelle.

En 1718, la vieille ville du Hâvre, qui ne comptait pas plus de cinq mille habitants, serrait ses maisons autour du bassin du roi; la nouvelle ville qui avait été sous Louis XIV le siège principal de la compagnie des Indes, éparpillait derrière le bassin Vauban ses bâtiments neufs, mais déjà abandonnés.

Il y avait en effet une propension haineuse et jalouse à faire partout le contraire de ce qu'avait fait le grand roi.

La compagnie des Indes était maintenant à Lorient, qu'elle fit naître et où elle mourut, étranglée par la vertueuse amie de Philippe d'Orléans : l'Angleterre.

C'était un véritable désert que ce côté neuf de la ville du Hâvre, dont les habitants, presque tous attachés à la compagnie, avaient suivi la compagnie en Bretagne.

Au temps où florissait encore la ville neuve abandonnée, il y avait une « maison banale » comme on appelait alors les établissements de santé, terrestres ou maritimes, car il ne faudrait pas croire que notre siècle ingénieux ait inventé ni les eaux thermales ni les bains de mer. Cette maison, déplorablement déchue comme tout le reste était située à une petite demi-lieue de la ville, et non loin de la falaise Sainte-Honorine. Elle était la propriété d'une pauvre femme malade qui ne sortait plus guère de son lit. Cette bonne femme avait une histoire.

Dix ou douze ans auparavant, elle avait été conduite à l'autel par un jeune homme qui venait on ne savait d'où, mais qui était beau comme un séraphin. Il portait un nom anglais : Peter Gaddosh. Peu de semaines après son mariage, il avait épousé une autre femme, à Rouen puis on ne l'avait plus revu.

Suivant toute apparence, la bonne femme de la Maison-Rouge, comme on appelait l'ancien établissement banal, était la première épouse de notre bandit, collectionneur d'alliances, et précurseur en action des apôtres bavards du divorce, à moins qu'il n'y en eût d'autres avant elle. Celle de Rouen eût été alors la seconde. Nous parlerons tout à l'heure de la dernière.

Nous arrivons au Hâvre-de-Grâce cinq jours après notre départ de Nonancourt. Rien ne s'était passé d'important pendant cet intervalle, et le chevalier de Saint-Georges n'avait point encore réussi à franchir la mer, car certain petit cutter à la fringante voilure croisait incessamment en rivière, échangeant avec la terre de fréquents et mystérieux signaux. Ce cutter attirait l'attention des garde-côtes beaucoup, et encore plus celle d'une autre espèce d'observateurs qui n'étaient point à la solde du Gouvernement français.

Contre l'habitude, la maison rouge avait en ce moment plusieurs hôtes, tous arrivés depuis peu. La propriétaire en avait affermé les divers étages.

Au rez-de-chaussée, habitait un couple paisible et presque sauvage: une femme et un homme : une grande belle femme qui s'échappait parfois à parler roide, un bon gros garçon vous ayant un air d'importance qui semblait toute neuve.

Au premier étage vivait un singulier sire qui avait fait fortune aux Indes, d'où il avait rapporté, outre une terrible quantité de roupies, un teint fort basané et une énorme barbe. Ce personnage semblait âgé d'une cinquantaine d'années, et souffrait de toutes les incommodités que l'on gagne aux Indes. Il avait avec lui son médecin ordinaire: un Indien aussi, basané et barbu.

On l'appelait le Banian, bien qu'il eût, sans aucun doute, un autre nom. Il était revenu en Europe expressément pour se marier et comptait repartir avec sa femme pour le paradis de Brahma. Comme ces nababs font toutes choses d'une façon bizare et expéditive, on ne s'étonnaît nullement qu'il eût, dès le jour de son arrivée, demandé hautement quelle était l'héritière la plus belle de la ville.

Ayant eu satisfaisante réponse, il se rendit dès le lendemain chez le père de ladite héritière, un riche marchand, et lui proposa de but en blanc de prendre sa fille pour femme. Le négociant trouva la chose toute simple et même de bon goût, puisque l'épouseur avait plusieurs millions. La demoiselle ne fut point d'un autre avis, car il était très-beau, ce banian, malgré son demi-siècle d'âge, et, après déjeuner, ce fut affaire conclue.

On devait les marier le dimanche suivant, et notre homme ne s'en occupait point davantage. Il avait l'air en vérité, d'épouser comme un autre va à la promenade, par habitude.

Les fenêtres du rez-de-chaussée, comme celles du premier étage, donnaient sur la Seine et avaient une magnifique vue de l'Océan. Le couple paisible et sauvage en profitait beaucoup pour surveiller la rade, le Banian davantage encore. Celui-ci se soignait très-sérieusement, passant une moitié de ses journées aux mains de son médecin l'autre moitié à la fenêtre, où il examinait, à l'aide d'une longue-vue, la rive du Calvados et ce certain petit côtre dont nous avons parlé.

Le négociant beau-père venait le voir et tenait la ligne avec prudence, craignant déjà que cette magnifique proie ne rompît l'hameçon. Chaque jour, en effet, ajoutait quelques centaines de mille livres à la fortune de son gendre qui, depuis la veille, commençait à parler d'une mine de diamants qu'il avait là-bas, pas très-loin de Golconde.

C'était un soir de la fin de février. Le temps était clair, mais il ventait de l'ouest ; la rivière moutonnait ferme, parce que la lame était contre le jusant, et au loin une grande houle soulevait la mer. Les coteaux du Calvados, entre

Honfleur et cette langue de sable où de nos jours, Trouville danse, chante, nage et taille le lansquenet, quand arrive la saison de la pêche-au-parisien, étaient pourpres aux dernières lueurs du soleil.

Nous traiterons la Maison-rouge comme si c'eût été un logis de verre, montrant à la fois son rez-de-chaussée et deux chambres de son premier étage.

Au rez-de-chaussée, la grande Hélène était assise auprès du feu, pâle encore, mais bien campée sur sa chaise de paille, et n'ayant déjà plus qu'une simple bande de toile sur la blessure qui devait lui laisser au front une bonne cicatrice, bien visible. On pouvait voir, dès à présent, que cet ornement militaire ne lui siérait point trop mal.

Nicaise venait justement de rentrer et se préparait à faire honneur au souper qui était sur la table. Le fidèle fatout avait le droit de dire à ses amis et à ses ennemis que, dans ces circonstances difficiles, pas une seule fois il n'avait perdu l'appétit.

— Comme ça, dit-il en nouant sa serviette autour de son cou, l'homme d'en haut n'a pas descendu aujourd'hui?

L'homme d'en haut, c'était le banian millionnaire à marier.

— Non, répondit Hélène. N'as-tu rien su de Mariole?

— Si fait bien, demoiselle. Ce qu'il y a d'agréable au bord de la mer, c'est que le poisson y est plus frais qu'à Bar-le-Duc : j'entends le poisson qui n'est pas d'eau douce... Ne grondez pas, jarnigodiche! je vous amuse comme ça pour vous préparer, quoique vous êtes une personne solide et pas sujette aux syncopes. La Poupette est retrouvée.

— Tu l'as vue! s'écria Hélène qui se leva en joignant ses mains tremblantes, et tu ne le disais pas!

— Non fait que je ne l'ai point vue, demoiselle, mais c'est tout de même. Y a des gens dont je me méfie, vous savez bien, comme l'homme d'en haut, par exemple ; y en a d'autres dont j'ai bonne idée. J'ai toujours eu bonne idée de M. Raoul, sauf un petit moment du temps où il était braconnier...

— Mais parle donc ! interrompit Hélène, c'est ce Raoul qui l'a enlevée ?

— Je ne fais que parler, demoiselle. C'est plusieurs qui l'ont enlevée, et grâce à moi, encore ! M. Raoul en était, comme de juste, puisque je lui avais coulé un mot en partant, et que s'il ne l'avait pas enlevée, vous n'auriez qu'à chanter son *libéra*, car elle serait maintenant à Paris, où les coquins de M. Ledoux l'auraient égarée. Est-ce vous qui auriez empêché ça, dites donc, démolie que vous étiez et enfermée à double tour dans votre chambre ? Faut être juste, M. Raoul a bien fait de la mettre au couvent...

— Au couvent ! répéta la grande fille qui respira longuement.

— Oui bien... Et faut-il vous dire, demoiselle? car je ne sais pas si ça va vous faire plaisir ou peine...

— Dis-moi tout !

— C'est drôle tout de même, allez, elle a retrouvé son père.

— Son père ! s'écria Hélène dont les sourcils se froncèrent.

— Bonne foi oui, demoiselle. Un vieux noble Anglais dont je ne me méfie point.

— Explique-toi...

Pour le coup, Nicaise n'obéit pas. Il se leva, la bouche pleine, et courut vers la porte en réclamant le silence d'un geste énergique.

Des pas montaient l'escalier. Nicaise se baissa pour mettre son œil à la serrure.

— Qu'est-ce que tu guettes ? demanda Hélène.

— Chut ! fit Nicaise.

Quand les pas se furent éloignés, Nicaise revint à son souper en grommelant :

— Je n'ai pu rien voir. Il fait nuit dans l'escalier... mais je me méfie !

Nous suivrons ces pas qui montaient. Il y avait dans l'escalier trois hommes, dont un seul eût été reconnu par nous : le géant Tontaine, premier lieutenant de Piètre Gadoche, dans la forêt de Behonne, la nuit du guet-apens.

Tontaine avait demandé au portier de la Maison-Rouge si c'était bien ici que demeurait M. Peter Price : c'était le nom du Banian.

Ni Tontaine ni ses deux compagnons ne connaissaient les êtres, car arrivés au corridor du premier étage, ils frappèrent au hasard à la première porte qui se présenta devant eux.

— Qui est là ? demanda une voix faible et cassée.

— Nous cherchons M. Peter Price, dit Tontaine.

— La chambre à côté, répondit la voix cassée.

Cette voix, il est bon que nous le sachions, appartenait à la propriétaire de la Maison-Rouge.

Cette pauvre femme, abandonnée par son mari, Peter Gaddosh, après quelques jours, de ménage et depuis tant d'années, qui vivait dans son lit languissante et bien malade. Elle se retourna sur son oreiller, mumurant :

— Ceux-là vont faire du bruit chez le voisin et m'empêcher de reposer !

Certes, eût-elle été prophétesse d'habitude, jamais elle n'aurait pu si bien deviner.

Tontaine et ses compagnons, introduits dans la chambre du Banian, se trouvèrent en face de ce personnage barbu et basané que nous avons dépeint et restèrent tout interdits.

— Est-ce bien à M. Peter Price que nous parlons ? demanda l'un des deux compagnons, qui boitait.

— A lui-même, répliqua gravement l'Indien. Vous avez cet honneur.

— C'est que... dit Tontaine en le regardant de la tête aux pieds.

— C'est que... répéta l'autre compagnon avec

une voix nasale embellie par l'accent portugais.

— Voilà, dit le boiteux, nous ne connaissons pas votre seigneurie. N'y a-t-il point dans la maison un autre Peter Price que vous, mon maître ?

Cette fois le Banian perdit sa gravité pour triompher à son aise.

— Arrive, docteur, s'écria-t-il. Tontaine, Rogue et ce coquin de Salva n'ont pas reconnu leur capitaine ! Est-ce une épreuve, cela ! Et toi qui me reprochais, homme de peu de foi, de m'être logé dans la même maison que cette virago de Lorraine ! Vertubieu ! Je ne crains personne, je suis un sorcier, vois-tu mon camarade, un enchanteur, et ce bélître de Cartouche ne serait pas digne de brosser mes vieux pourpoints ! La postérité, je vous en préviens, corrigera les bévues de ce siècle, et nous mettra moi et lui chacun à notre place. Cartouche est ma doublure et mon domestique !

Le médecin Saunier apporta deux flambeaux

qu'il posa sur la table. Le Banian les prit dans ses mains, et, les élevant à la hauteur de son visage, se mit ainsi en pleine lumière.

— Regardez! dit-il avec ce mâle orgueil des supériorités incontestées, comparez et admirez ! Je me suis escamoté moi-même !

Ils regardaient, en vérité, de tous leurs yeux, ils comparaient et ils admiraient. Entre cet homme d'un autre monde et M. Ledoux, marquis de Romorantin, il y avait l'immensité. Impossible de rien découvrir qui fut commun à l'un et à l'autre !

Pendant que Tontaine, Rogue et Salva restaient muets et littéralement émerveillés, la perruque du Banian vola au plafond, sa barbe tomba, et ils se trouvèrent en face du joli M. Ledoux avec son placide et courtois sourire.

Alors, l'enthousiasme ne connut plus de bornes, et nos trois coquins, incapables de se contenir, clamèrent à l'unanimité.

— Il n'y a que Gadoche ! Vive Gadoche !

— Silence, malheureux! dit celui-ci avec effroi. Les murs écoutent !

Mais le cri était lancé, et les murs avaient en effet des oreilles. A ce cri, la malade de la chambre voisine qui était propriétaire de la maison se dressa sur son séant, comme si elle eût été mue par un ressort.

— Gaddosh ! répéta-t-elle, car ces deux syllabes, en anglais, sonnent exactement comme Gadoche. Ai-je entendu le nom de celui qui m'a tuée ! ou bien est-ce ma fièvre?...

Elle prêta l'oreille. On ne parlait plus. Elle remit sa tête faible sur l'oreiller, pensant :

— C'est ma fièvre.

Il y avait douze ans que ce nom revenait dans sa fièvre.

De l'autre côté de la cloison, cependant, le docteur Saunier, aidé par le reste de la bande, disposait sur la table un plantureux ambigu. Le Banian Gadoche voulait fêter sa réunion avec ses lieutenants. Il avait remis, à tout événement, sa perruque et sa barbe.

— Mes féaux, dit-il, voici quelles furent mes dernières paroles, quand je vous quittai, il y a quelques jours. « Je n'en puis plus, je ne suis bon à rien ; cette damnée blessure me tue. Laissez-moi me mettre au vert et me soigner ; que je n'entende plus parler de vous jusqu'au moment où la poire sera mûre. »

— La poire est mûre, patron, dit le boiteux.

— Penses-tu, ami Rogue, que je n'en sache pas aussi long que toi ? J'ai pris le vert, et ma blessure ne va pas mal, quoiqu'elle ait bien de la peine à se fermer. Il avait du venin sous les ongles, le vieux grippe-sou ! Vous ne me feriez pas dire le contraire, quand il s'agirait de la potence ! Mais, tout en me reposant, je ne dormais que d'un œil. Mangeons bien et buvons mieux, mes camarades !

A cet égard, la vénérable assemblée n'avait

pas besoin d'encouragement. Rogue seul ne possédait pas tout son appétit ordinaire.

— Patron, dit-il, vous m'avez mis du noir dans l'âme. Cette Hélène Olivat de Bar-le-Duc demeure donc vraiment dans votre maison?

— Bah! dit Gadoche, elle a passé auprès de moi dix fois, elle m'a parlé.... Je te dis que le diable ne me reconnaîtrait pas, quand je veux. Des douze femmes que j'ai légitimement épousées je n'ai rien gardé, sinon leurs économies. Elles me cherchent toutes, eh bien! pas une ne m'a trouvé! tu peux avaler tranquille.

— C'est très-bien, répondit le boiteux, pour vous; mais pour nous.

La fourchette de Salva perdit de son activité. Gadoche se mit à rire.

— Poltrons! dit-il. Ce soir, il est nuit. La nuit, tous les chats son gris!

— Il y a les chandelles, objecta Rogue.

Et le Portugais ajouta :

— Demain, il fera jour.

— Poltrons ! poltrons ! à ma santé, mes fils !
Voyons ! un peu de gaieté ! cela ne marche pas.
Demain, dites-vous ? Ne veniez-vous pas m'annoncer que la grande affaire est pour demain ?

— A l'heure de la marée, oui, patron.

— Bien ! alors, que craignez-vous ?

Il compta sur ses doigts.

— A onze heures, le plein de l'eau, n'est-ce pas ? reprit-il.

— Dix heures trois quarts, patron.

— Parfait ! Il y aura temps pour tout. A midi, je serai à l'église. Buvons.

— Pourquoi à l'église ?

— Pour ma noce.

Les trois bandits, pour le coup, s'égayèrent à cette idée.

— C'est le trézain ? demanda Rogue.

Gadoche secoua son jabot et répondit d'un air fat :

— C'est le trézain. Dix-sept ans, charmante

et de jolis écus. Nous allons reparler de cela, mes maîtres. Au rapport ! Où est le Stuart ?

— A Honfleur. Il doit passer l'eau cette nuit.

— Où sont les soldats d'Auvergne ?

— Au château de Gouville, en Saint-Nicolas, ici près.

— Voilà des oiseaux que je n'aime pas ! Où sont les deux Coëtlogon ?

— A la ferme de Grâce, en Sainte-Honorine, répliqua Rogue. J'ai mention d'eux à vous faire, patron. Si l'affaire durait encore quarante-huit heures seulement, je parie dix écus que ces deux-là se couperaient la gorge !

— Pour la Cavalière ? La donzelle en vaut bien la peine ! Mais se sont des frères modèles qui se tiennent comme deux doigts de la main... En tout cas, cela ferait deux rudes épées de moins contre nous !

Tontaine toucha son crâne.

— J'ai de leurs marques, grommela-t-il, mais il y a un des deux qui ne tiendra pas sa rapière de la main droite, d'ici longtemps, j'en réponds. Je l'ai marqué aussi !

— Et le Raoul ? demanda Gadoche, poursuivant son interrogatoire.

— De ce côté-ci de l'eau, repartit Salva. Il veille sur cette petite fille, la Mariole. Une drôle d'histoire, allez ! Ils l'ont mise au couvent des Ursulines, derrière Notre-Dame-du-Havre, et ils l'appellent maintenant lady Mary Douglas de Glenbervie. Est-ce gai ?

— Tiens ! tiens ! fit Gadoche.

Il réfléchit un instant.

— Bah ! reprit-il, ne nous occupons plus de ces bagatelles. La différence entre moi et Cartouche, c'est que je suis un homme sérieux et lui un croquant... Que fait la Cavalière ?

— Tantôt avec son roi, répondit Rogue, tantôt avec ses deux troubadours.

— Et les autres ?

— Le vieux Douglas au Havre, Drayton et toute la maison du roi à Honfleur ; Courtenay, Lau zan, Harrington, Lee, Quatrebarbes et le reste sur le cutter. Nous aurons un rude quart d'heure demain au bord de l'eau !

— Vous serez trois contre un, mes braves... mais écoutez ! qui diable avons-nous là ?

Il se leva en sursaut, et il y avait de quoi. Un carrosse roulait péniblement sur le chemin montueux qui conduisait à la Maison-Rouge. C'était merveille, à pareille heure, en pareil lieu !

Nos quatre convives se précipitèrent aux fenêtres. Le carrosse s'arrêtait justement devant la porte de la Maison-Rouge. Un cavalier en descendit, puis une dame qui était voilée.

Il faisait bien trop noir pour qu'il y eût apparence de reconnaître soit la figure, soit la tournure de l'un ou de l'autre. On pouvait deviner seulement qu'ils étaient jeunes tous les deux.

— Si l'homme avait eu quelque vingt années de plus, murmura Gadoche, j'aurais cru que mon beau-père m'amenait ma mariée de demain, crainte de me manquer !

Les autres prenaient la chose moins gaiement, et quand on se remit à table, il y eut un silence inquiet. Mais la visite n'était pas pour le Banian, car on entendit la porte du rez-de-chaussée s'ouvrir, puis se refermer.

Dans la chambre voisine, la malade se tournait et se retournait sur sa couche. Sa fièvre avait augmenté terriblement. Elle avait de ces pensées qui viennent avec le délire.

— Depuis que j'ai rêvé de ce nom, disait-elle, de cet abominable nom, je me sens devenir folle. Je le vois au travers de mes paupières fermées. J'ai beau me boucher les oreilles, j'entends sa voix. Je jurerais que sa voix est une de celles qui parlent ici près. Douze ans ! toute ma jeunesse perdue ! Est-ce que je le reconnaîtrais après un temps si long, ce Gaddosh ? Est-ce que je me reconnais moi-même quand je demande à mon miroir un souvenir de ma joyeuse paix d'autrefois !

La lueur d'une lampe de nuit tombait sur ses traits flétris. A la mieux regarder, on eût deviné que cette femme était vieille avant l'âge.

— Douze ans ! répéta-t-elle. J'avais vingt ans. Celles de trente ans autour de moi sont encore belles ! Oh ! je le reconnaîtrais, j'en suis sûre ! On voit clair au travers de la vengeance ! S'il y avait douze siècles au lieu de douze ans, je le reconnaîtrais encore ! Et j'aurais ce qu'il faut de force pour lui arracher le cœur !

Il m'a été donné une fois de voir et d'entendre une pauvre femme assassinée légalement par le divorce dans un pays protestant où l'impiété du divorce est *la loi*. Jamais Dieu ne permet la haine, mais en écoutant pleurer ces abandonnées, l'homme comprend et il excuse presque les rêves féroces de la vengeance.

La maîtresse de la Maison Rouge se tut, épuisée ; ses yeux brûlants renvoyaient les lueurs de la lampe, teintes de sanglants reflets.

En bas, c'était Nicaise qui avait ouvert la porte

aux deux nocturnes visiteurs. A la vue de la femme voilée, il recula en disant :

— Bigre de bigre ! la Poupette !

Mariole était déjà dans les bras d'Hélène, qui riait et qui pleurait.

Raoul tendit la main au fatout, qui, loin de partager la joie d'Hélène, semblait de fort mauvaise humeur.

— Je n'aime point cette histoire-là, grommela-t-il. Bonsoir, monsieur le vicomte.

Mariole parlait à l'oreille de la grande fille en l'embrassant. Hélène l'écoutait toute pensive.

— Me pardonnez-vous, demoiselle ? demanda Raoul, qui vint vers elle la tête découverte.

Hélène dit avec une gaieté mélancolique :

— Vous n'êtes plus postillon, monsieur Jolicœur ?

— Je vais être matelot demain, demoiselle.

— On l'aime donc bien, ce roi ! dit-elle en soupirant. Personne ne l'abandonne, lui !

— Que Dieu vous entende ! murmura le jeune vicomte.

Il songeait à un cœur blessé dont il avait surpris les battements. Il savait le secret de lady Stuart de Rothsay, le secret qu'elle ignorait peut-être elle-même, et il se disait :

— Personne, excepté celle qui vaut pour lui tout le reste de l'univers !

— Et moi, et moi, sœur ? s'écria Mariole, qui cachait sa blonde tête dans son sein. Est-ce pour moi que tu as parlé d'abandon !

— Toi, dit rudement Hélène, il te fallait de plus nobles parents que moi !

Elle s'interrompit, parce que Mariole fondait en larmes.

— Quand tu vas être lady Douglas, poursuivit-elle plus doucement, et Mme la vicomtesse, est-ce que tu te souviendras encore de moi ?...

— Demoiselle, dit Raoul, c'est à vous que son père d'adoption la confie, à la veille d'un grand événement. Elle nous appartient à tous les trois.

— Jusqu'à demain ! dit Hélène amèrement, pour ce qui est de moi !..

Puis attirant la fillette contre son cœur :

— Ne m'écoute pas, ne m'écoute pas ! ajouta-t-elle en un sanglot : Tu sais bien que je ne pense jamais qu'à moi !

Elle tendit la main à Raoul et dit encore :

— Faites-la bien heureuse !

— Jarnigodiche ! s'écria Nicaise, tout ça est bel et bon, dites donc ; mais je l'aimerais mieux, moi, au couvent qu'ici, vous savez, c'te jeunesse, rapport à l'homme d'en haut.

Hélène voulut le rassurer.

— Écoutez, demoiselle, répliqua-t-il avec la fermeté nouvelle qu'il avait acquise dans ses voyages, j'ai méfiance !

Et il ajouta en brandissant un petit objet métallique qu'il tenait à la main.

— J'en aurai le cœur net, voyez-vous. Attendez voir un peu, monsieur Raoul. On ne voit rien à travers la serrure de ce paroissien-là, mais j'ai mon idée ! Et il sortit en courant.

XV

D'UNE IDÉE QU'EUT LE FATOUT, ET DE LA BONNE HISTOIRE QUE PIÈTRE GADOCHE RACONTA AU DESSERT

On était au dessert chez le Banian. La chère avait été bonne, le vin excellent, car Gadoche avait coutume de bien faire les choses. On avait tant mangé, tant bu aussi, que les inquiétudes étaient digérées. Rogue et Salva voyaient l'avenir couleur de rose, le docteur était gris, et Tontaine voulait aller au château de Gouville pour avaler tous les soldats d'Auvergne d'une seule bouchée.

Gadoche seul gardait une certaine tenue,

comme il convient à un maître de maison qui se respecte.

Seulement il était bavard et insultait ce maraud de Cartouche, sans s'occuper de savoir si les autres l'écoutaient.

— Est-ce arrangé, tout cela, mes gaillards? disait-il avec complaisance. L'affaire du roi à onze heures, la noce à midi! Ce plat bélître à qui les sots font une réputation aurait-il imaginé ces plans? Je vous dis que Louis-Dominique est un âne; je lui vote un licou et j'en appelle à la postérité!.. Ecoutez encore. Le Roboam étant submergé par mes soins, nous nous sommes arrangés directement, milord et moi. J'ai droit à la somme entière. N'était-ce pas une honte que ce mannequin hollandais eût sa part du gâteau? Vous la méritez bien mieux que lui, mes chéris, et vous serez payés royalement, je vous en donne ma parole!

Ce passage du discours obtint une chaleureuse approbation.

Rogue et Salva exprimèrent le désir de savoir à quel taux se monterait la royale récompense, espèces monnayées et ayant cours.

— Assez pour vous rendre riches à toujours, mes bien-aimés, répondit évasivement Gadoche. Parlons de moi, et ne disons plus un mot de ce coquin de Cartouche ! J'ai honte d'avoir été son collègue. Je dis *avoir été*, vous comprenez bien, mes petits, car, à dater de demain, je romps décidément avec notre ancien commerce. Fi donc ! à quoi bon ? Je suis deux fois millionnaire. Si Cartouche cherche une place de laquais, dites-lui qu'il aille chez d'autres : J'ai mieux que ce faquin... Me voilà donc gentleman ! Vous savez que je suis né en Angleterre, ou ailleurs ; seuls les dieux immortels ont connaissance de cet important secret. Etant né en Angleterre, j'ai droit aux plus hautes positions dans cette contrée, asile de la liberté. Le parlement m'ouvre ses portes à cause de mon éloquence. Le protestantisme n'a pas de boulevard plus ferme que moi. Mais avant cela, car nous allons trop vite, je commence par me marier...

— Encore ! s'écrièrent ceux qui pouvaient parler.

— Toujours, mes élus, mes fidèles, mes disciples! mais cette fois pour tout de bon, à la fille d'un duc sans héritier mâle qui m'apportera quinze châteaux, une province et une demi-douzaine de titres. Pensez-vous que Cartouche enragera ? Moi, j'espère qu'il en crèvera, l'ignoble drôle ! Etant une fois duc, voici quelles sont mes intentions...

— Est-ce vrai que vous vous êtes marié une fois déjà dans ce pays-ci, patron ? demanda tout à coup Rogue.

— Non-seulement dans ce pays, mon fils, répondit Gadoche avec bonté, mais dans cette maison même, autant que mes vagues souvenirs peuvent me permettre de l'affirmer. C'est ma première aventure matrimoniale. Vous plairait-il de me l'entendre raconter ?

— Oui, oui, patron ; vous contez si bien !

— Pourriez-vous en dire autant de Cartouche?... C'était il y a dix ans ou douze ans, l'année où je quittai le théâtre du Globe, dans Southwark, à Londres, théâtre fondé par le grand Shakespeare, dont sans doute vous avez entendu parler...

— J'ai joué le roi Lear ! dit Rogue.

— Et j'ai volé le chapeau que je porte, ajouta Salva, à une représentation des *Gaies femmes de Windsor*, dans Drury Lane.

— Vous voyez bien que ce Shakespeare est bon à quelque chose !... Mais je vais me mettre à l'aise, mes neveux, afin de vous perler l'anecdote, les coudes sur la table, sans gêne aucune. N'est-ce point peine perdue que de se déguiser pour les quatre murs d'une chambre fermée, où il n'y a que de dévoués compagnons comme vous ?

Ce disant, Pètre Gadoche enleva dextrement sa perruque et sa barbe. Nous devons dire qu'à force d'essuyer sa bouche après avoir bu, et son front, quand le bon vin y mettait de la rosée. Gadoche avait perdu déjà la majeure partie de cette brune peinture qui lui donnait le teint d'un cipaye.

— A la bonne heure! s'écria Tontaine en s'éveillant à demi. Voilà le patron qui sort de sa peau de sauvage!

Gadoche le caressa du regard: le bon, le joli regard de M. Ledoux!

— C'était donc, reprit-il, en 1707 ou en 1706. Je m'appelais de mon nom Peter Gaddosh...

— Vous avez des souris ici! dit le docteur en tendant son verre: on les entend gratter.

Gadoche prêta immédiatement l'oreille. Il avait beau dîner bien, sa prudence ne l'abandonnait jamais. Il entendit en effet un bruit faible: deux bruits plutôt, si l'on peut donner le nom de bruit au frôlement d'un insecte qui rampe derrière une tapisserie.

L'un de ses bruits venait de la porte donnant

sur le corridor, l'autre de la chambre de la voisine. Ce n'était rien, en vérité. Gadoche dit :

— Nous aurons un chat.

Et il continua son histoire.

C'était l'histoire de cette pauvre voisine malade à qui appartenait la Maison-Rouge. Et certes, on ne parlait point de maladie dans l'anecdote de piètre Gadoche ! La valétudinaire d'aujourd'hui était alors une jeune fille fraîche, rose, rieuse...

Je ne sais pas si l'aventure intéressait beaucoup nos convives : Je sais qu'elle intéressait une autre personne, qui n'avait point pris sa part du dîner. La malade de la chambre voisine avait lutté lontemps contre cette illusion entêtée que le nom de Gadoche, tout à coup prononcé auprès d'elle, avait fait naître. Elle s'était dit vingt fois, cent fois, en se retournant dans son lit, en cherchant une place froide sur l'oreiller pour son pauvre front brûlant : « Ce ne peut être lui! oserait-il revenir ici ? combien de voix d'ailleurs se ressemblent! Et il y a douze ans que je ne l'avais entendue! Je perds la raison : ce ne peut être lui ! »

Malgré ce plaidoyer qui, assurément, ne manquait point de logique, la malade écoutait toujours ; elle écoutait avec la passion que le manque de logique apporte en toutes choses.

A un certain moment, elle sauta hors de son lit, maigre, chancelante, livide et grelottant ce terrible froid des fiévreux qui écrase la poitrine et fait claquer les dents comme la peur. Elle avait entendu son nom, prononcé par cette voix connue.

Non point son nom d'à présent, mais son nom de jeune fille, celui d'autrefois. Dans une histoire de fiançailles, il faut bien mentionner le nom de la fiancée. De l'autre côté de la cloison, le Banian avait dit :

— Elle était folle de moi, cette pauvre Rosette !

Et figurez-vous, c'était vrai. La malade l'avait bien aimé. L'abandon du misérable avait brisé son existence entière. C'était le misérable qui était sa fièvre, sa toux, l'angoisse de sa poitrine haletante : tout son mal et sa vieillesse prématurée ! C'était elle, Rosette, la morte, la tuée.

Aussi quelle haine !

Il y avait, nous avons dû le dire, au milieu de la cloison qui séparait les deux chambres, une porte condamnée. La malade, enveloppée dans son drap, longue et décharnée comme un fantôme, se mit à marcher vers la porte. Il y avait plus d'une année qu'elle n'avait marché ; elle ne savait plus marcher. Elle gagna la porte, cependant, en se traînant et en s'appuyant aux meubles.

Le mortel effort qu'elle faisait râlait dans sa gorge.

Arrivé près de la porte, elle se mit à décoller doucement des bandes de papier qu'elle avait mises elle même, à une autre époque, pour boucher les fentes. Un des bruits, au moins, dénoncés par le docteur Saunier et entendus par Piètre

Gadoche, ne venait ni des souris qui trottinent, ni des insectes qui rampent derrière les tapisseries des vieilles maisons..

C'était, après tout, une vilaine époque, ce temps de la régence, et Polichinelle, bourreau de femmes, récitant le poëme idiot de ses fredaines, s'anime toujours. Gadoche s'échauffait. Il riait de tout son cœur en racontant la confiante tendresse de la pauvre Rosette. Dans le feu du récit, il en mettait même peut-être un peu plus qu'il ne fallait. Et vraiment, à ce récit, on s'était repris à boire. Le bruit faible du papier, qui allait se décollant, passait inaperçu au milieu de ces gaietés bachiques.

Mais l'autre bruit ? car il y avait deux bruits,

Eh bien, l'autre bruit venait de la porte d'entrée, mais il était encore plus faible, s'il se peut.

Seulement, au milieu du principal panneau de la porte, à la hauteur de l'œil d'un homme de bonne taille, un petit éclat de bois sauta.

Si petit ! le quart d'un fétu de paille !

Puis, à la place du petit éclat de bois, un point brillant parut. Un point, vous entendez, qui grossit, mais pas beaucoup, et devint le pas de vis conique d'une vrille de deux sous. Ni souris, ni insectes n'ont deux sous pour acheter une vrille.

Et souvenons-nous que Nicaise, « qui avait méfiance, » brandissait un tout petit objet métallique, en quittant la chambre du rez-de-chaussée, où il avait laissé Hélène, Mariole et Raoul.

« L'homme d'en haut, » comme Nicaise appelait le Banian, bouchait le trou de sa serrure ; il fallait bien s'ingénier ! Nicaise avait une idée.

Or le roman des premières noces de Piètre Gadoche se terminait par un détail assez curieux.

— Vous savez, mes favoris, disait ce fanatique amateur de divorces, que j'ai fait de nombreux métiers. A ce point de vue comme à tous

20

autres, je mettrais Cartouche dans ma poche. J'ai été matelot, astrologue, marchand d'orviétan, soldat, avocat, saint des saints à Bristol, dans l'église protestante du revérend Jédédiah Bottombosom, qui avait tout seul fabriqué sa doctrine, qui la prêchait tout seul, et qui tout seul la pratiquait, comme cela se voit très-souvent dans notre joyeuse Angleterre : il signait, ce bienheureux : Bottombosom, Bottombosomiste. J'ai été alguazil en Espagne, juif en Portugal, soprano en Italie : rien qu'en France, j'ai été collecteur des gabelles, marquis et valet de bonne maison, sans parler de mes deux métiers principaux, comédien et bandit. J'ai été enfin acrobate, et c'est où j'en voulais venir.

Le lendemain de mes noces, ah! le joli jour de juin! C'était vers la Saint-Jean. Nous fîmes un dîner sur l'herbe, les parents et les amis de mon épousée, à la falaise Saint-Honorine, et le soir venu, on descendit à la petite falaise pour danser au clair de la lune.

Vertuchoux ! toutes les cousines étaient charmantes avec leurs colliers de perles et leurs pendants d'oreille que les mouvements de la courante faisaient briller à miracle. J'avais la dot en poche. Il y avait au bord de l'eau une barque qui m'attendait avec quatre jolis garçons, pour me mener marier ailleurs.

Je voulais remonter à Rouen, mais tous ces colliers et tous ces pendants d'oreille me prirent au cœur. Me voilà travaillant, et Dieu sait que j'y allais comme il faut ! J'avais déjà mes doublures pleines de bijoux, quand l'idée me vint d'emporter un dernier souvenir de ma femme. Ah mais ! elle cria, la mijaurée, parce que je lui fis saigner un peu l'oreille en arrachant son dernier pendant. Voilà toute la noce ameutée, et chacun cherchant ses joyaux perdus. Au voleur ! au voleur ! Ils se fâchaient, oui, et ne voulaient point me croire quand je leur disais : « Ce n'est qu'une aimable plaisanterie. » Des balourds !

Ma foi, ils étaient vingt contre un. Je me reculai jusqu'au bord de la petite falaise, qui a bien trente pieds de haut au-dessus du galet. Au moment où ils croyaient me tenir, je leur dis poliment : « Messieurs et Mesdames, je suis votre valet », puis j'exécutai un saut périlleux en arrière.

Ma Rosette poussa un cri d'agonie. Moi, je m'assis dans la barque et nous poussâmes vers Quillebeuf avec la marée montante...

Gadoche leva son verre. Il était vraiment radieux au souvenir de ce cynique exploit de sa jeunesse.

— Est-ce Cartouche, s'écria-t-il, le pleutre, le pataud, qui aurait exécuté ce saut périlleux de trente pieds ? Mes chérubins, j'ai la mémoire du cœur. Quand je suis revenu dans le pays, j'ai choisi cette maison, parce que c'est mon toit conjugal. J'ai regardé à droite et à gauche pour voir si je reconnaîtrais ma Rosette, mais, hélas! survit-on à la perte d'un époux tel que moi ? Rosette a dû mourir de chagrin : je bois au repos de ses mânes !

En ce moment, du côté de la cloison, le dernier lambeau de papier tombait et du côté de la porte, la vrille, retirée avec précaution, laissait le trou libre pour la vue.

L'œil de la malade, ardent et sombre, s'approcha de la fente ; l'œil de Nicaise, plus perçant que la vrille elle-même, se colla au trou.

Ces deux regards se croisèrent et vinrent tomber en même temps sur la joyeuse figure du Banian qui n'avait plus ni sa perruque ni sa barbe.

— Dieu du ciel ! c'est lui ! balbutia la malade qui se laissa choir à la renverse.

— M. Ledoux ! gronda Nicaise. Trébigre ! je me méfiais ! Je n'ai pas perdu mes deux sous de vrille !

Comme il descendait vitement l'escalier, la servante montait la tisane de la malade.

— Habille-moi, ma fille, dit celle-ci, d'une

voix que la servante n'avait jamais entendue.

Elle se tenait droite sur ses jambes. La servante était paralysée par la stupeur. C'était comme si elle eût vu un mort se lever au cimetière. Mais la première épouse de Piètre Gadoche voulut être obéie. Elle répéta : « habille-moi, » d'un tel ton que la servante courut aux armoires.

Une fois revêtue de ces hardes trop larges qui flottaient autour de ses os, la malade reprit :

— Ne m'as-tu pas dit hier, en bavardant, qu'il y avait des soldats du roi au château de Gouville ?

— Oui, dame, répondit la servante ; Auvergne-cavalerie, de fiers soldats !

— Qu'on prépare la chaise, qu'on assemble les porteurs, je veux aller au château de Gouville.

— A cette heure, dame ?

— A cette heure : je le veux !

Nicaise rentrait à ce moment dans la chambre du rez-de-chaussée où Raoul était en train de prendre congé.

— Qu'as-tu donc, fatout? demanda Hélène en voyant sa bonne face pâle et ses sourcils froncés.

— Demoiselle, répondit Nicaise, on dirait que je deviens un homme. J'ai des idées qui sont sages et la peur ne me prend plus à tout bout de champ. Restez, sans vous commander, monsieur le vicomte, nous aurons besoin de votre carrosse, car ni la Poupette ni la demoiselle ne peuvent coucher ici cette nuit.

Tous les regards étonnés se fixèrent sur lui.

— Sans parler de moi, ajouta-t-il, qui aime mieux aller dormir ailleurs.

—Explique-toi, dit Hélène.

— Je compte bien m'expliquer, demoiselle. Tout à l'heure, je vous disais : M'est avis que la Poupette serait mieux au couvent qu'ici, rapport à l'homme d'en haut... Ne vous fâchez pas, demoiselle... J'avais donc acheté six sous de vrilles pour voir ici dessus M. Ledoux...

— M. Ledoux! s'écrièrent à la fois Hélène Raoul et Mariole.

— Je me méfiais! prononça gravement Nicaise, malgré sa peinture, sa perruque et sa barbe!

Les yeux de la grande Hélène brûlèrent : Raoul toucha d'instinct son épée ; Mariole était blanche comme une statue de marbre.

— Ils sont quatre, dit Nicaise, armés jusqu'aux dents, et s'il arrive malheur, qui protégera la petiote?

— Que faire! s'écria Hélène.

— J'ai fait des réflexions assez, répondit le fatout, mais on ne me demande point mon conseil.

— Parle! s'écria Raoul.

— Je parlerai si la demoiselle veut.

Hélène frappa du pied et répéta :

— Parle !

— Voilà donc qui est bon ! reprit aussitôt le fatout d'un air content. Je ris de moi, quand je pense comme j'étais nigaud, un temps qui fût, et poule mouillée. Maintenant, Je n'ai pas plus froid aux yeux que les autres, non et ma jugeotte se débouche petit à petit... Voilà mon idée. C'est de monter tous les quatre dans le carrosse de M. Raoul.

— Pour quoi faire? demanda Hélène.

— Attendez donc, demoiselle ! Vous aurez bien de la peine, vous, à deviner que l'esprit me vient. C'est malheureux, car l'esprit que j'ai me vient de vous. Mais, n'importe ! je sais quelqu'un qui a une rude revanche à prendre de M. Ledoux.

— Où est-il ce quelqu'un ? demanda Raoul.

— Bien près d'ici.

— Et qui est-il ?

— M. le marquis de Crillon, capitaine à Royal-Auvergne-cavalerie.

Hélène et Raoul échangèrent un regard.

— Si on allait à celui-là, poursuivit Nicaise, et qu'on lui dirait : Monsieur le capitaine, pardon, excuse, nous avons fait erreur. Le bandit qui vous a pris votre nom à la porte de la Conférence à Paris, et qui a été cause que vous vous avez mordu les lèvres jusqu'au sang devant un milord anglais à la poste de Nonancourt n'était pas Cartouche, mais c'était un bandit tout de même, et pire que Cartouche...

— Ma foi! s'écria Raoul, le garçon a raison, et le roi est sauvé! Soyez prêtes, mesdames!

— Est-ce que nous allons au chateau de Gouville? demanda Helène.

— En plus, fit observer le fatout, que M. Raoul pourra venir demain à ses affaires, tant qu'il voudra, et moi aux miennes, ajouta-t-il tout bas. La demoiselle et la petiote seront en sûreté comme à la paroisse!

L'instant d'après ils montaient tous les quatre

dans le carrosse qui prenait au grand trot le chemin du bourg Saint-Nicolas.

Juste en ce moment, le Banian qui avait repris sa perruque et sa barbe, reconduisait ses hôtes jusque dans le corridor et leur disait :

— Dormez bien, mes féaux. Demain le bal aura lieu avant la noce. Je vous invite aux deux et nous boirons à la corde qui doit pendre ce pied-plat de Cartouche !

A quelque cent pas du château de Gouville, grande vieille maison féodale, contemporaine de ces deux tours qui défendaient l'entrée de la Seine, avant la fondation du Havre-de-Grâce par le roi François Ier, le carrosse qui renfermait Raoul, Nicaise et leurs compagnes, fut obligé de quitter le pavé pour dépasser une chaise à porteurs, cheminant dans la même direction.

Comme le château était gardé militairement, et que les formalités de la porte durèrent plusieurs minutes, la chaise à porteurs entra en même temps que le carrosse.

La personne qui arrivait en chaise, comme nos gens qui venaient en carrosse, voulait parler à M. le marquis de Crillon, capitaine d'Auvergne-cavalerie.

Il se faisait tard. M. de Crillon, qui n'avait personne ici pour tailler un pharaon après souper, venait de se mettre au lit. Quand on lui annonça la maîtresse de la Maison Rouge, il dit : Qu'elle attende à demain! Mais il se leva au nom du vicomte de Châteaubriand-Bretagne.

La malade fut donc admise par-dessus le marché.

— Je puis attendre une heure, dit-elle d'un accent étrange, en passant le seuil du vestibule, mais jusqu'à demain, c'est impossible!

Les soldats qui l'avaient introduite racontèrent, en rentrant au corps de garde, qu'ils avaient parlé à une morte.

Raoul, comme de raison, eut la première audience. Il n'employa pas exactement le style du bon Nicaise pour faire sa déclaration au capitaine, mais le capitaine sourit, disant :

— Mylord ambassadeur aura la monnaie de sa pièce : Gadoche au lieu de Cartouche! C'est bien, vicomte; vos dames recevront asile au château. Mais ne pourriez-vous aller un peu plus loin embarquer votre pauvre garçon de roi, pour nous éviter la peine de décharger nos mousquetons sur des gens de qualité tels que vous?

— Vertubleu! marquis, répondit Raoul, notre pauvre garçon de roi s'embarquera en plein jour et reviendra peut-être de même, couronne en tête, apporter la corde qui étranglera votre abbé Dubois!

— Celui-là, vicomte, je vous le livre, repartit Crillon, qui sourit encore. Mais séparons-nous bons amis, et envoyez-moi un tierçon de vin de Portugal, quand vous serez premier ministre à Windsor.

21

Ce fut le dernier mot.

— Faites entrer l'autre personne, dit le marquis, dès que Raoul eut pris congé.

L'autre personne entra, soutenue par ses deux porteurs de chaise, qui la regardaient avec une sorte de terreur. Et, de fait, le marquis lui-même tressaillit à l'aspect sinistre qu'elle avait.

Elle s'assit pourtant, la fiévreuse de la Maison-Rouge, la première femme de Piètre Gadoche. Elle s'assit et déduisit son cas d'une voix nette et intelligible, quoique des spasmes fréquents lui coupassent la parole. Quand elle eut fini, Crillon dit :

— Retournez chez vous, bonne dame. J'en sais assez sur ce Piétre Gadoche.

— Peter Gaddosh, rectifia la malade.

— Peter Gaddosh, si vous voulez. Vous aurez justice.

— Le promettez-vous sur votre honneur? demanda-t-elle avec une grande énergie.

— Ma foi, oui, bonne dame.

— Le jurez-vous?

Les porteurs rentraient.

— C'est que, reprit-elle, j'ai besoin d'être sûre. Je ne le verrai pas.

— Demain... commença le marquis.

Elle l'interrompit, debout qu'elle était entre ses deux porteurs.

— Jurez vite! dit-elle, comme on ordonne.

— Je le jure, bonne dame, fit le marquis pour la contenter.

— Merci, prononça-t-elle.

Il était temps. Elle tomba sur ses deux genoux, fit le signe de la croix et s'affaissa morte.

XVI

COMMENT LES DEUX MESSIEURS DE COETLOGON QUI S'AIMAIENT TANT MANQUÈRENT DE SE BATTRE EN DUEL.

Le lendemain, il sembla que le soleil ne voulût point se lever. Le brouillard qui couvrait la Seine et ses deux rives était épais comme une nuit. Vilain temps pour un mariage, temps triste même pour un enterrement. Or, il y avait justement aujourd'hui dimanche un enterrement et un mariage : le mariage du Banian, l'homme aux millions, et l'enterrement de sa première femme, la maîtresse de la Maison-Rouge.

On n'attendait pas, en effet, comme aujourd'hui, pour laisser aux morts le temps de venir à résipiscence. Aussitôt fini, les défunts de la veille étaient enterrés le lendemain, excepté en Allemagne pourtant, où, dès le 16° siècle, une pensée humaine institua ces fameuses salles d'attente dans lesquelles les décédés ont, pendant trois jours, le droit de ressusciter.

Beau jour, par exemple, excellent jour pour un embarquement clandestin.

Il était déjà neuf heures du matin, mais le ciel était si sombre derrière la brume épaisse qu'on se fût cru encore au point du jour. Du haut de la falaise Saint-Honorine, on entendait la mer briser sur le galet, mais il était impossible de la voir. La falaise elle-même paraissait déserte.

Cependant, au premier son de la messe de neuf heures, montant de l'église Saint-Nicolas, avec le faible vent d'aval qu'il faisait, un homme se montra à la bouche de la valleuse d'Etreville. Il semblait être seul.

On nomme *valleuses*, en Seine et sur l'Océan, depuis les sables de Tancarville jusqu'au Tréport, partout où il y a des falaises, ces sortes de gouffres, changés en escaliers, qui vont des sommets à la grève. Il y en a de magnifiques, comme ceux, par exemple, qui entourent Etretat; presque tous sont dangereux et d'une descente très-difficile.

La valleuse d'Etreville, située à l'extrémité la plus occidentale de cet énorme mur blanc qui borde la rive droite de la Seine jusqu'à la mer, était en ce temps-là l'escalier ordinaire des contrebandiers, parce qu'elle aboutit à une sorte de crique, havre microscopique où une barque peut s'abriter contre un vent d'ouest qui ne souffle pas tout à fait en tempête.

A une demi-lieue de là, en amont, une autre valleuse, moins haute, mais de plus difficile pratique, parce qu'elle s'enfonçait en terre et présentait, sur une portion de son parcours, une sorte de tunnel vertical de trente à quarante pieds, descendait à la petite grève d'Erquetot en Gonfreville.

Entre ces deux gorges, célèbres l'une et l'autre par le nombre de morts violentes qu'elles avaient vues, la falaise s'étendait, inculte ou couverte de ces broussailles étroitement enchevêtrées, particulières aux pays de vent, où les plantes semblent se racornir et se serrer pour résister mieux à l'ennemi. A peu près à égale distance des deux valleuses, les terrains cultivés de la ferme de Grâce poussaient leur pointe jusqu'à la rampe même du blanc précipice, protégés qu'ils étaient contre les vents de la mer par un petit bois d'ormes trapus dont les branches tourmentées se mêlaient comme des toisons de nègres. La ferme de Grâce, appelée aussi Sainte-Honorine, appartenait aux Gonfreville, qui possédaient en terres, le long de l'eau, plus d'un million de revenus.

Le chevalier de Saint-Georges avait passé la nuit à la ferme de Grâce avec lady Mary Stuart,

MM. de Courtenay, de Quatrebarbes et les officiers de sa maison. Raoul, qui avait rejoint ce groupe fort tard, à cause de son expédition au château de Gouville, apportait l'heure exacte du départ. Stuart, en effet, ne devait monter à bord qu'au dernier moment, à cause d'un bruit qui courait le pays, disant que mylord ambassadeur avait su rassembler, on ne savait où, toute une flotille de barques bien armées, entre lesquelles il comptait prendre le *Shannon*.

C'était le nom du cutter, croisant depuis quelques jours à l'embouchure de la Seine, et que M. Ledoux guettait si assidûment des fenêtres de la Maison-Rouge.

Les mesures que pouvaient avoir prises mylord ambassadeur et ses tenants n'étaient pas, du reste, les seuls obstacles opposés au départ du prétendant. Ordre avait été dépêché de Paris aux gens du roi, qu'ils fussent de terre ou de mer, d'empêcher l'embarquement. Seulement, monseigneur le régent avait ajouté de sa main aux injonctions moins clémentes de l'abbé Dubois, cette note : « Que toute effusion de sang soit évitée. »

C'en était assez pour mettre un frein à ce zèle ardent des subalternes, qui s'arrête net dès qu'il ne sait plus au juste le désir intime du maître. On doutait. Et comme en définitive il s'agissait d'épargner un déboire au roi Georges, qui était cordialement abhorré, on s'abstenait ou à peu près. Aux corps de garde de la côte, il y avait même plus d'un soldat des gabelles qui aurait commandé le feu volontiers pour envoyer une volée de balles à cette nuée de coquins embarqués aux environs de Gonfreville.

Ceux-là seuls, on le savait, étaient en nombre bien suffisant pour écraser la petite armée du chevalier de Saint-Georges.

L'homme qui se montrait au haut de la falaise, devant l'entrée de la valleuse d'Etreville, portait la toque écossaise et le plaid, car, le matin même, les fidèles de Jacques Stuart avaient revêtu l'uniforme des prochaines batailles. Il était grand, mince, gracieux, et des cheveux blonds, bouclés, tombaient sur son écharpe bariolée. Il avait une carabine anglaise en bandoulière, les pistolets à la ceinture, le dirk et la claymore au côté. C'était un beau soldat, mais tout jeune.

Sous ses pieds, dans une anfractuosité de la valleuse, une douzaine d'hommes se cachaient, armés comme lui jusqu'aux dents.

Il promena tout autour de lui, sur la campagne qui était couverte d'un voile épais, son regard triste, et qui malgré la solennité du moment, semblait distrait ; puis il suivit la lèvre de la falaise dans la direction de l'est.

— Ne vous éloignez pas, monsieur René, dit un des hommes, qui avait élevé sa tête jusqu'au niveau du sol pour le suivre des yeux. Le moment approche.

— C'est bien, répondit le jeune M. de Coëtlogon, je suis là.

Il continua néanmoins de marcher,

— Ces deux frères-là, grommela l'homme, qui était Bouchard, le maître des écuries, c'est comme un bon petit ménage ! Quand on les sépare, ils ressemblent à des âmes en peine.

— L'autre Coëtlogon commande à la valleuse d'Erquetot ? demanda Erskine.

— Oui, et du diable si ce n'est pas pitié de mettre des enfants à la tête de tout cela ! repartit le vieil écuyer. Mais tout se fait par la volonté de la Cavalière.

— La reine ! rectifia ironiquement Erskine en ôtant sa toque.

— Messieurs, dit le marquis de Lauzan, qui remontait du galet, je vous préviens que j'écoute. En France, nous aimons nos reines et nous les respectons.

— En vérité ! gronda Erskine, nous emmenons avec nous un plein panier de ces Français qui seront nos maîtres, si le roi va jusqu'à Windsor ! Ils commencent déjà à nous faire la leçon !

— Il y a loin, répondirent quatre ou cinq gaillards à jambes nues, d'ici jusqu'à Windsor!

Certes, il y avait loin d'autant que ces braves Ecossais trouvaient toujours moyen de s'entre-tuer en route.

Erskine avait dit vrai, d'ailleurs, l'autre Coëtlogon, Yves, le blessé de la Font-de-farge, commandait à l'autre valleuse.

Nous devons ajouter que bien peu de temps auparavant Bouchard avait dit vrai aussi. Yves et René de Coëtlogon étaient si unis, si profondément frères! Jamais, depuis leur enfance, ils ne s'étaient séparés. C'était la même vie qu'ils partageaient et leurs cœurs battaient à l'unisson.

Pourtant, aujourd'hui, si la Cavalière avait posté René à la valleuse d'Etreville et Yves à la valleuse d'Erquebot, c'est qu'elle avait lu dans leurs yeux le présage d'un malheur.

René fit une centaine de pas le long de la falaise, puis il revint, puis il marcha encore dans la direction de l'est, pour se retourner une seconde fois et faire cette promenade qui est permise à toute sentinelle aux environs de sa guérite.

Mais René ne voyait point sa guérite. Le brouillard, devenant de plus en plus dense, lui cachait presque le sol sous ses pieds.

Il allait et revenait, se croyant toujours à quelques toises de ses compagnons. Quelque chose cependant l'attirait vers l'est à son insu, car il faisait plus de pas en allant qu'en revenant. Il se trouva ainsi tout à coup devant un mur en ruines qui sortit de la brume et lui barra le passage C'était l'ancien enclos du parc de Grâce. Machinalement, il chercha une brèche et en trouva une. De l'autre côté de la brèche, comme dans un miroir recouvert d'une gaze épaisse, il se vit : même taille, même costume, mêmes armes, même visage, encadré de longs cheveux blonds.

On trouve de ces légendes dans le pays écossais, plein de brumes et tout rempli des merveilles de la seconde vue. La brume était là et aussi le costume d'Ecosse.

René recula; son image recula: de telle sorte que le brouillard tomba entre eux comme une muraille.

Car ils étaient deux. Yves de Coëtlogon avait fait comme René. Seulement, au lieu d'aller vers l'est, il avait marché en sens contraire. Quelque chose aussi le poussait : La même chose.

— Yves! murmura René qui ne voyait plus rien et qui doutait presque du témoignage de ses yeux.

Yves répondit tout bas:

— René!

— As-tu donc quitté ton poste, mon frère?

— Mon frère, tu as donc quitté le tien!

— C'est vrai, et je ne saurais dire pourquoi.

— Ni moi.

Ils se rapprochèrent, sortant tous deux de la brume et tous deux si changés qu'ils eurent pitié l'un de l'autre. René tendit sa main. Yves la prit.

Leurs mains étaient glacées, et chacun, chose bizarre, sentit la main de l'autre plus froide que la sienne.

— J'ai menti, mon frère, reprit René qui baissa les yeux. Je te cherchais malgré moi.

— C'est comme moi, murmura Yves qui regarda la terre, malgré moi je te cherchais, j'ai menti.

Il y eut un long silence. La campagne se taisait. La mer envoyait un large et paisible murmure.

— Mon frère, dit René, je te jure devant Dieu que je t'aime comme autrefois.

Il avait des larmes dans les yeux.

— Je t'aime mieux qu'autrefois, repartit Yves.

Ils se regardèrent, puis ils s'embrassèrent. Leurs bouches étaient froides comme leurs mains.

Je vous le dis, c'était une chose redoutable et tragique que cet entretien solitaire, entouré de silence, caché par un nuage et coupé de longues pauses qui semblaient exprimer plus que les paroles elles-mêmes.

— Pourquoi voulais-tu me voir, mon frère? demanda René qui passa la main sur son front.

Yves, au lieu de répondre, demanda à son tour:

— Et toi?

— Moi, j'ai des pensées qui me tuent.

— Moi, j'ai des rêves qui me font peur.

Dans le silence qui suivit, et tandis qu'ils frémissaient tous deux, un premier bruit vint de la campagne, mais si lointain et si faible qu'aucun des deux frères ne l'entendit: Rien ne venait encore de la mer.

— Mon frère, dit René qui n'aurait pas été plus pâle pour mourir, je voudrais te quitter, je ne puis.

— C'est que tu as encore quelque chose à me dire, mon frère, répliqua Yves.

La même étincelle sombre et fauve s'alluma dans l'azur si doux de leurs yeux.

C'étaient deux enfants au cœur noble et bon, et plus d'une jeune fille eût envié la pureté de leurs sourires. Mais cette flamme qui sourdement brûlait dans leurs prunelles faisait honte et frayeur.

— Me provoques-tu? balbutia René dont la bouche eut une frange livide.

— Non, dit Yves, chancelant, comme s'il résistait à une ivresse: je t'attends.

— Il faut donc que cela soit! s'écria René avec désespoir..

— Il faut que cela soit, repartit Yves, je le crois, j'en suis sûr !

— Tu es donc bien malade dans ton âme, Yves, Yves, mon frère !

— Assez pour te disputer le trésor de ma vie à toi, René, René qui es mon cœur !

René baissa les yeux puis il dit d'une voix à peine intelligible :

— Lui as-tu avoué ton secret ?

— Non.

— Moi, j'ai osé lui dire le mien.

— Tu mens, car elle t'aurait chassé !

Ce fut Yves qui dit cela en touchant la garde de son arme, et aussitôt, les deux claymores sautèrent hors du fourreau, mais au son qu'elles rendirent Yves et René reculèrent d'un pas, comme si la foudre fût tombée à leurs pieds. Dans la campagne, le bruit augmentait et approchait, mais tout leur sang bouillonnait à leurs tempes et ils n'entendaient rien que la voix de leurs cœurs en démence.

Certes, si l'un des deux eût reculé, l'autre ne l'aurait point poursuivi ; mais ils étaient d'une race où jamais nul ne recula.

— Tu m'as outragé, prononça René à voix basse, tue-moi !

— C'est celui qui outrage qui doit sa vie, répliqua Yves, présentant sa poitrine découverte.

René fronça le sourcil.

— Défends-toi, ordonna-t-il rudement ; c'est assez parler. J'ai du rouge dans les yeux. Défends-toi ! Devant Dieu, je te pardonne !

Les claymores se touchèrent, puis s'échappèrent de leurs mains.

— Sommes-nous des femmes ? balbutia Yves, étonné.

— Oh ! frère, je ne peux pas, dit René dans un sanglot. Tu ressembles trop à notre mère !

Yves arracha son écharpe et s'en couvrit le visage.

— Va maintenant, dit-il en ramassant son épée, et fais comme moi. Il y a un sort sur nous, mon frère. Ah ! pourquoi m'as-tu parlé de notre mère ?

René reprit son arme et se voila de son écharpe.

Mais, au lieu de tomber en garde, il étendit

sa main vers la falaise, qui formait précipice au-dessus du rivage.

— La mort est là aussi, murmura-t-il.

— Tirons au sort, s'écria Yves.

Une pièce d'or tournait déjà en l'air.

— Tête ou pile ! Tu ne réponds pas ? Moi je dis pile !

La pièce tomba ; René la couvrit de son pied.

Comme Yves s'élançait sur lui, il l'entoura de ses bras, et Yves, furieux à la fois de colère et de tendresse, lui rendit son étreinte avec une sauvage violence.

Puis ils restèrent écrasés sous une indicible angoisse, où se mêlait je ne sais quelle immense joie.

— Je te promets de mourir ce matin, frère, frère chéri, et sois heureux ! murmura Yves.

René l'enleva sur sa poitrine haletante.

— Yves, mon frère bien-aimé, dit-il ; c'est moi, c'est moi qui vais mourir.

Ils s'arrachèrent tous deux des bras l'un de

l'autre. Il n'y avait plus moyen de ne pas entendre. Le bruit s'était rapproché ; des pas sonnaient dans l'ombre, de deux côtés différents.

— A nos postes! s'écria René.

— Il n'est plus temps, répondit Yves.

Un coup de sifflet aigu monta du rivage.

Yves reprit à voix basse en montrant la brèche qu'il avait depassée :

— L'ennemi vient de là. Ici c'est le roi qui gagne la valleuse d'Etreville. Défendons la brèche, frère. C'est encore un duel, et aux pieds de Dieu, notre mère pourra regarder celui-là ! Luttons à qui fera le mieux !

Ils s'élancèrent de front et la carabine à la main au-devant de la brèche.

Derrière eux, des pas précipités frappaient le sol et une voix vibrante s'écria : tandis qu'une troupe passait au galop :

— En avant, messieurs! le roi pour toujours!

— C'est elle ! murmura René. Mourir loin d'elle !

— Mourir pour elle ! répondit Yves.

Devant eux, de l'autre côté de la brèche, de sombres figures sortirent du brouillard. Deux coups de carabine partirent, deux bandits tombèrent ; les autres reculèrent, étonnés.

— Le roi pour toujours ! crièrent ensemble Yves et René.

Par derrière, le galop des chevaux s'arrêta et ils purent entendre Raoul qui disait :

— Ce sont les deux messieurs de Coëtlogon. A leur secours, mylords !

Mais la voix éclatante de la Cavalière s'éleva de nouveau :

— Mylords, je vous le défends, prononça-t-elle distinctement. Le roi ! rien que le roi !

Yves et René échangèrent un mélancolique regard. Les pas s'éloignèrent dans la direction d'Etreville.

Pendant que les deux Coëtlogon rechargeaient leurs carabines, une grêle de balles sortit du brouillard. La toque de René fut emportée, et

Yves laissa échapper son arme qu'il tenait de la main droite. Son bras déjà blessé était traversé d'un coup de feu.

— Tu marques un point, frère, dit-il gaiement.

Et, saisissant de la main gauche un pistolet à sa ceinture, il coucha sur l'herbe une grande ombre qui visait à dix pas.

— A l'assaut, mes mignons ! ordonna Tontaine, dont la gigantesque taille se dessina en ce moment dans la brume. Ils ne sont que deux et nous ont déjà trop arrêtés !

Une nouvelle décharge mit des points rouges au plus épais du brouillard et René fut touché à son tour.

— Manche à manche, Yves ! cria-t-il. A la claymore !

Ils dégaînèrent. Un flot de coquins se ruait sur eux. Tous deux déchargèrent en même temps leur dernier pistolet; puis René, le poignard d'une main, l'épée de l'autre, se posa au milieu du passage. Yves lui dit :

— Un peu de place, frère, soyons de front! Tu prends tout!

Puis, presque aussitôt après, percé de deux coups de rapière et voyant l'épée de Tontaine sur sa gorge, il s'écria :

— Frère, tu as partie gagnée! notre duel est fini!

Mais René s'était jeté au-devant de lui, et il reçut l'estocade du géant en pleine poitrine.

Ils tombèrent ensemble et embrassés.

Les bandits couraient déjà vers la valleuse d'Etreville, laissant cinq cadavres de leurs compagnons derrière eux. Vers l'ouest une vive mousquetade s'engagea sur la falaise et au bord de l'eau ; les canons du côtre tonnèrent. Puis, derrière ce voile lourd qui couvrait la rivière et ses bords, il y eut un grand silence.

Les deux messieurs de Coëtlogon gisaient comme ils étaient tombés, tout près l'un de l'autre, René un peu en avant de son frère et semblant encore le défendre. René n'avait que deux blessures ; le sang d'Yves coulait par un grand nombre de plaies, dont plusieurs étaient mortelles. Le hasard de leurs chutes avait rapproché leurs jeunes têtes, dont les cheveux blonds se mêlaient. Ils n'avaient rien au visage et c'était pitié d'admirer la pâle beauté de ces deux enfants endormis.

Comme les bruits de la bataille cessaient, un souffle agita la poitrine de René. Son premier effort, épuisé qu'il était, fut pour soulever la tête de son frère, qu'il appuya doucement contre son sein.

Yves ouvrit les yeux et ils se sourirent.

— Nous nous aimions bien, frère, murmura Yves. Dieu est bon ; il a envoyé entre nous l'adoré souvenir de ma mère. Si j'étais mort par toi, c'eût été un cruel martyre !

— Toi! mourir par moi! s'écria René comme on répète une parole blasphématoire et impossible.

Le sourire d'Yves devint plus doux.

— Tu n'y crois plus! dit-il en fermant ses yeux à demi. Tu fais bien. N'ai-je pas vu ta poitrine qui défendait la mienne? Ecoute, frère, j'ai à te parler avant de mourir.

— Mais tu ne mourras pas! s'écria René, qui le pressa passionnément sur son cœur.

— Ecoute! je ne sais lequel de nous l'a dit, mais c'était la vérité. Nous n'étions qu'un cœur, nous n'avions qu'une âme. Nous devions aimer de même. Je deviens faible: ne m'arrête plus... Ah! Dieu est bon! Dieu est bon! Elle était entre nous, je la voyais: c'est elle qui a dégainé nos épées. Sois béni, René, car c'est toi qui as appelé notre mère!...

Il eut un spasme. René l'entoura plus étroitement de ses bras. C'est le geste des mères éplorées qui cherchent à retenir la petite âme de l'enfant, prête à s'envoler au ciel.

— Quand je vais être mort, reprit Yves, tu seras seul à l'aimer.

— Tais-toi, tais-toi ! s'écria René, je te jure !...

Il n'acheva pas ! la main faible de son frère s'appuyait sur ses lèvres et lui fermait la bouche.

— Ne promets pas cela ! murmura-t-il, tandis qu'une larme, la première et la dernière, mouillait ses grands cils. Mentir à un mourant porte malheur. Il n'est pas en ton pouvoir de renoncer à elle. Frère, notre âme à deux, tu l'as maintenant tout entière ! Je te laise l'héritage de mon cœur : Sois heureux, sois heureux ! Et tous les deux, priez pour moi !

Ces mots s'exhalèrent comme un souffle ; René sentit la tête de son frère plus lourde sur son sein. Il chercha les battements du cœur, mais le cœur d'Yves de Coëtlogon ne battait plus.

Une immense douleur étreignit la poitrine de René, qui perdit le sentiment et resta couché sur ce sol sanglant, la tête appuyée contre la tête déjà froide de son frère. Il fut éveillé par un bruit et ouvrit les yeux. Mary Stuart de Rothsay était auprès de lui.

— René! René! disait-elle, je vous retrouve vivant!

Il y eut dans le regard du jeune homme une étrange terreur.

— Il nous voit... de là haut! balbutia-t-il. Mon frère! mon pauvre frère chéri!

Il tourna vers Yves ses yeux, troublés deux fois par la crainte et par un reste d'espoir.

— Ah! fit-il avec une douleur profonde, il est mort! mon frère est mort!

Elle voulut lui prendre la main; il la repoussa violemment.

— Allez au roi! dit-il. Vous êtes au roi. J'ai bien entendu. M. de Chateaubriand voulait venir à son secours. Vous avez dit: Le roi! rien que le roi!

La Cavalière leva son regard vers le ciel.

— J'avais juré, murmura-t-elle, ses beaux yeux baignés de larmes; je tiendrai mon serment. Tant que Jacques Stuart n'aura pas mis son pied sur la terre d'Ecosse, le roi! rien que le roi! Mais, une foi ma promesse accomplie, aura-t-il besoin de moi pour régner? René, j'aime la France où vous êtes, je reviendrai. Je l'ai promis aussi et maintenant, je le jure : Je ne serai jamais reine!

XVII

OÙ LE FATOUT CESSE D'ÊTRE COMIQUE

La veille au soir, dans sa conférence avec ses lieutenants, Piètre Gadoche avait établi son plan de bataille, approuvé à l'unanimité par Tontaine, le docteur, Rogue et Salva. Nous n'avons point mentionné ce plan, parce que le lecteur ne connaissait pas encore le détail des lieux où devait se livrer le combat décisif. Maintenant, au contraire, que nous revenons de la falaise Sainte-Honorine, quelques mots suffiront pour faire comprendre clairement l'intention du bandit.

Il regardait, bien entendu, son argent anglais comme gagné d'avance, tant la chose était simple et de facile exécution.

L'embarquement de Jacques Stuart devait avoir lieu au galet d'Etreville, sous la valleuse du même nom. Gadoche savait cela. Dans les expéditions de ce genre, il est presque impossible de garder le secret. Toute conspiration, de quelque nature qu'elle soit, traîne la trahison après elle ; le prétendant était systématiquement trahi depuis son départ de Bar-le-Duc.

Mais, chose bizarre, de même que certains hommes vont longtemps et bien, quoique portant en eux le germe d'une maladie mortelle, de même les conspirations trahies réussissent souvent.

Piètre Gadoche disposait d'une force plus que suffisante pour prévenir l'embarquement ; il avait en outre une demi-douzaine d'hommes connus pour être d'excellents tireurs. Nous n'avons pas besoin de dire quel devait être le rôle de ceux-là dans l'escarmouche. Ce n'était pas un prisonnier que Gadoche avait mission de faire.

Gadoche avait divisé son monde en trois troupes.

Nous connaissons la première, commandée par Tontaine. Cachée dans le bois de Grâce, cette troupe devait prendre l'escorte du roi à revers, dans son trajet de la ferme à la valleuse, tandis qu'une seconde bande, menée par Rogue et Salva, l'attaquerait du côté de la ville. La troisième troupe, dont Gadoche s'était réservé la conduite, devait suivre le bord de l'eau et fermer le passage au bas de la valleuse.

Nous répétons, parce que c'est l'exacte vérité, que cette tactique élémentaire était surabondamment suffisante, puisqu'il s'agissait de tuer un homme, bien plus que de gagner une bataille. Lord Stair avait gagné assez de batailles rangées : c'était un héros retraité.

Quatre tireurs connaissant personnellement Jacques Stuart étaient dans les bandes du haut, trois suivaient la troupe de Gadoche. Sans le brouillard et d'autres circonstances dont le lecteur connaît une déjà, (la défense des Coëtlogon à la brèche du vieux parc de Gonfreville), il eût fallu un miracle pour préserver le chevalier de Saint-Georges.

Piètre Gadoche se leva de belle humeur, le matin de ce dimanche qui, suivant sa propre impression, devait voir un bal et une noce. La première chose qu'il apprit, ce fut l'annonce d'une autre cérémonie : La maîtresse du logis était morte dans la nuit, et la Maison-Rouge se tendait de deuil ; Gadoche n'en éprouva ni peine ni plaisir. Il se fit panser avec soin. Sa blessure qui ne voulait point se fermer, lui laissait pourtant quelque repos, à la condition d'éviter tout contact. Le docteur Saunier était un homme habile.

Après le pansement, Gadoche déjeuna au mieux et fit sa toilette de marié, pensant bien n'avoir pas le temps de vaquer à ces détails entre le bal assassin et la noce sacrilége. Il ne comptait pas, d'ailleurs, s'exposer beaucoup dans la bagarre.

Pendant qu'il s'attifait avec ce bon goût et ce soin qui lui étaient particuliers, on vint lui apprendre que ses voisins d'en bas, Hélène et Nicaise, avaient déménagé la veille au soir. Cela l'occupa, mais non point outre mesure. Que pouvaient-ils contre lui? Sous quarante-huit heures, il devait être en route pour Londres.

Un soin plus grave, c'était de connaître exactement les intentions du capitaine d'Auvergne-cavalerie. Quoique l'algarade survenue entre eux à la poste de Nonancourt fût fondée sur une méprise, Gadoche avait gardé un facheux souvenir des façons expéditives de M. le marquis de Crillon, et n'eût point aimé à le rencontrer aujourd'hui sur son chemin. Mais, de ce côté, les nouvelles étaient bonnes ; le château de Gouville gardait, depuis le matin, ses portes closes.

Vers neuf heures, au moment où René de Coëtlogon commençait, au haut de la falaise Sainte-Honorine, cette promenade qui devait avoir une si tragique issue, Piètre Gadoche sortit de la Maison-Rouge, en plein costume de Banian, riche et tout à fait digne d'un dimanche de noce. Il secoua convenablement un goupillon d'eau bénite sur le cercueil de sa première victime qui attendait les prêtres sous le vestibule, et passa le seuil tendu de noir, sans savoir, du reste, le nom de la morte. Il était accompagné par le docteur Saunier et ses trois tireurs d'élite : *marksmen* (en anglais).

Le reste de sa troupe stationnait au lieu dit la Petite-Falaise, que nous connaissons déjà par le propre récit de Gadoche. C'était là qu'il avait exécuté, douze ans auparavant, ce beau tour gymnastique, un saut périlleux du haut en bas de la falaise.

— Mes braves, dit-il à ses tireurs en marchant vers le rendez-vous, voici un diable de brouillard qui nous fait la partie belle, quoi que vous en puissiez croire. Vous ne pourrez pas viser de loin, c'est vrai ; mais, comme je sais, à un pouce près, la coulée où doit passer la bête, vous tirerez à bout portant.

Il parlait encore, quand une singulière apparition traversa la brume à trois pas de lui. On n'eût point su dire, en vérité, si la vision était burlesque ou terrible. Depuis qu'il n'était plus une poule mouillée, il y avait de ceci et de cela chez notre ami Nicaise, le fatout.

Il avait quitté ce matin le château de Gouville laissant Hélène et Mariole encore endormies. Il était armé en guerre complétement, portant à sa ceinture les deux vieux pistolets de reître du bonhomme Olivat, énormes engins qui faisaient frayeur à voir et qu'il avait, nous le savons, bourrés jusqu'à la gueule. Il portait en outre un mousqueton sur l'épaule et une épée de cavalier au côté. Cela l'embarrassait pour marcher, mais il avait l'air déterminé.

Ce qu'il comptait faire, notre Nicaise, peut-être ne le savait-il pas bien lui-même. Certes il avait grande confiance dans le capitaine d'Auvergne, qui avait promis que Piètre Gadoche serait pendu ; mais ce Piètre Gadoche avait tant de tours dans son sac! Nicaise s'était armé pour le cas où la corde casserait.

Il ne fit que passer et se perdit aussitôt dans la brume.

Gadoche et ses hommes continuèrent leur chemin, et Nicaise, faisant un détour, les suivit à distance, entre le bord de l'eau et la petite falaise. Du moins, il croyait les suivre.

Mais il arriva ceci : Ceux qu'il pensait suivre avaient fait un détour et pendant que Gadoche et ses compagnons montaient la pente douce qui mène à la falaise du côté de la ville, Nicaise descendait toujours vers la grève. Il s'arrêta au bout de deux ou trois cents pas, se disant :

— Les coquins devraient pourtant être arrivés !

A ce moment, il y eut, en haut de la rampe, une explosion de cris mêlés à des éclats de rire.

Le fatout ouvrit alors ses oreilles toutes grandes, mais il ne pouvait entendre que de confuses clameurs. Nous le laisserons se demandant s'il devait grimper ou demeurer coi, pour assister à cette joyeuse scène qui se jouait en haut de la petite falaise.

La place ne valait rien, paraîtrait-il, pour Piètre Gadoche, car c'était ici même qu'il avait risqué jadis son fameux saut périlleux. Au lieu de rencontrer ses hommes au rendez-vous donné par lui, notre bandit tomba au milieu d'un détachement d'Auvergne-cavalerie, que le brouillard lui avait caché jusqu'au dernier instant.

C'était une embuscade, dressée par M. de Crillon. Les coupe-jarrets qui devaient attendre là Gadoche pour redescendre à la grève et gagner avec lui le galet d'Etreville, étaient étendus sur le sol, liés comme des paquets.

Royal-Auvergne s'amusait ce matin comme un bienheureux. Les éclats de rire qui étaient arrivés en bas jusqu'au fatout lui appartenaient; les cris venaient de Gadoche et de ses compagnons, qui, n'apercevant point, au premier moment, les prisonniers garrottés, avaient crié à l'aide!

— Cette fois, monsieur le marquis de Romorantin, dit le capitaine, qui sortit des rangs, je crois que nous allons terminer notre affaire paisiblement et sans que personne vienne à la traverse.

— Prenez garde, monsieur le marquis de Crillon, répondit Gadoche hardiment. Mylord ambassadeur d'Angleterre vous a déjà notifié votre erreur; je ne suis pas Cartouche!

— Monsieur le marquis de Romorantin, reprit Crillon; car c'est, ma foi! très-drôle, nous sommes ici marquis contre marquis, j'ai grande confiance en tout ce que dit mylord comte Stair, qui est un grand homme de guerre; aussi ai-je reconnu mon erreur. Ce n'est pas Cartouche que nous allons pendre haut et court : c'est le bandit Piètre Gadoche, le valet de Cartouche!

Il avait étendu sa main, et Gadoche, suivant des yeux ce geste, vit, au travers du brouillard, un fantôme de potence qui se dressait à dix pas de lui.

Il était ici comme la première fois, le jour de ses noces, avec Rosalie, entouré de tous côtés, sauf un seul : le rebord de la falaise.

— Me pendre! moi! s'écria-t-il. Je vous le répète, prenez garde! pendant que vous me retenez ici, la guerre s'allume peut-être par votre faute entre la France et l'Angleterre. Le prétendant s'embarque...

— Haut et court, disais-je, poursuivit froidement M. de Crillon, non point parce que vous êtes un voleur, un faussaire, un bigame, un incendiaire, un assassin, cela regarde les juges, —

mais parce que tu as osé, maraud que tu es, prendre le nom d'un gentilhomme et l'uniforme du noble régiment d'Auvergne !

— Jarnibieu ! s'écria Gadoche, voilà un crime, en effet, qu'on ne me pardonnera point au milieu de tant d'uniformes. Venez donc me chercher, mes maîtres !

Il ne s'était pas vanté, dans son récit, le soir de la veille, au dessert. Il ne fit point le saut périlleux, cette fois, mais sa main droite toucha légèrement le bord de la falaise et il disparut dans la brume, comme un oiseau s'envole.

— Feu ! ordonna Crillon, exaspéré.

Nicaise, qui regardait en haut, vit quelque chose tomber et reçut un grand coup de poing dans la poitrine. Il entendit au même instant un feu de peloton, suivi d'une grêle de balles qui sifflèrent autour de ses oreilles.

— Adieu, monsieur le marquis ! cria Gadoche, qui était déjà loin.

Sans ce cri, Nicaise, tout étourdi, n'aurait point su de quel côté courir.

Voilà le danger de braver et aussi le danger de raconter des anecdotes après boire. Gadoche sautait bien, mais il avait la langue trop longue : Positivement Nicaise qui avait ouï l'anecdote en perçant son trou de vrille, était resté là, sous la falaise, dans la vague idée que ce démon de Gadoche pourrait encore tenter son grand saut !

Aussitôt qu'il eut entendu le cri, il s'élança sans réfléchir, à toute vitesse, disant seulement :

— Ah ! le gueux, il va s'échapper !

Le bruit des pas de Gadoche se perdait presque dans la brume épaisse et sourde. Nicaise était gros, mais il courait de tout cœur, et son idée fixe lui donnait des ailes.

Chacun a son aiguillon secret en ce monde : M. le marquis de Crillon avait condamné, non point le malfaiteur, mais l'impertinent. Ce n'était pas le bandit Gadoche que poursuivait Nicaise, c'était M. Ledoux, l'épouseur de la demoiselle Hélène.

Trébigre ! M. Ledoux l'avait tant de fois empêché de dormir !

Il y avait loin de la petite falaise à la valleuse d'Etreville, une forte demi-lieue pour le moins. Dès les premiers cent pas, Nicaise se sentit essoufflé ; il portait trop lourd. Au bout de trois minutes de course, il suait à grosses gouttes : mais il gagnait, il entendait plus rapprochés les pas du fugitif.

Il jeta son mousqueton, puis son épée, puis ses pistolets, qui étaient de plomb. Ah ! bigre de bigre ! voilà un bon débarras ! Il se sentait léger comme une plume, et n'eût été la courte haleine qui le gênait un petit peu, il eût continué de ce pas-là jusqu'à Saint-Ouen de Rouen en suivant toujours la rivière.

Gadoche, par le fait, était beaucoup plus agile que lui, mais il y avait la griffe du mort. En courant et quoi qu'il pût faire, il remuait son bras qu'il avait sauvegardé avec autant d'habileté que de bonheur au moment du grand saut. Le mouvement continu causait un frottement, malgré l'appareil posé par le docteur Saunier. Le frottement, si léger qu'il soit, arrive promptement à être une torture, dans un cas semblable à celui de Gadoche.

La première fois qu'il entendit derrière lui le souffle un peu poussif de notre Nicaise, un froid lui passa par le cœur. Avait-il peur de Nicaise, le maladroit et le poltron, lui, l'aventurier intrépide et rompu au maniement de toutes armes ? On ne peut dire cela. Piètre Gadoche avait évité, en sa vie, par son audace et son sang-froid exceptionnels, des dangers qui semblaient insurmontables. Un combat singulier contre Nicaise rentrait pour lui dans l'ordre des aventures comiques ; il eût affronté Nicaise, armé de pied en cap, avec un couteau de table. Voilà le vrai.

Mais il y avait la griffe du mort. La griffe du mort le tenait : il sentait distinctement, parmi la grande douleur qui le poignait du coude jusqu'à l'épaule, cinq brûlures partielles, les quatre doigts et le pouce, les cinq ongles sous lesquels était le venin...

Ne niez pas ! Gadoche était un esprit fort. Fussiez-vous franc maçon, il vous eût rendu des points au jeu de l'incrédulité ; mais il croyait à cela, il croyait au venin qui est sous les ongles des mourants. Nous ne sommes pas parfaits ; je dis : personne au monde, pas même Piètre Gadoche, le roi des divorceurs. Piètre Gadoche eut peur et sa poitrine se serra.

Par ce brouillard, si on eût été en rase campagne, il se serait jeté à droite ou à gauche, évitant ainsi aisément cet homme qui le poursuivait à tâtons, — qui le poursuivait, remarquez bien ce fait, depuis l'auberge du *Lion-d'or*, aux grandes coupes de Béhonne, près la ville de Bar-le-Duc, sans jamais perdre sa trace.

Mais ici la mer montante était à droite ; à gauche, il y avait cette immense muraille blanche,

23

le long de laquelle moutonnaient les fumées blafardes de la brume : deux obstacles infranchissables. Il fallait aller directement, toujours en avant, toujours, à moins de se retourner et de faire tête bravement.

A ses heures, Gadoche se fût retourné bravement et eût fait tête à dix hommes.

Mais ces grands brouillards ont de bizarres mirages, on y voit des fantômes comme dans la nuit. Certes, Gadoche ne croyait pas aux fantômes ; il ne croyait à rien.

A rien, sinon à ce dévorant cancer qui lui mordait le bras gauche ; une bête monstrueuse qui avait cinq crocs dans sa terrible bouche : les cinq ongles du mort !

Gadoche vit ce qu'il n'avait jamais vu. Ses remords qui dormaient s'éveillèrent et se dressèrent autour de lui : longues figures pâles d'hommes égorgés, de femmes pillées, tuées par la trahison et dont quelques-unes l'étonnèrent, car il les avait oubliées depuis le temps !

Et il essaya de rire, honteux d'avoir vu cela, d'y avoir cru. Les fantômes s'évanouirent, puis revinrent. Gadoche gronda un blasphème et trembla.

Le vent d'aval lui apportait des sons de cloches. Il connaissait bien le langage des cloches, parce que dans sa vie d'aventures, il avait été plus d'une fois domestique d'église. Les cloches eurent successivement deux voix : elles sonnèrent d'abord pour un enterrement, puis pour un mariage.

— Ma voisine qu'on porte au cimetière et ma femme qui monte en carrosse ! pensa-t-il.

Cela le ragaillardit. C'étaient des choses de ce monde. Il pressa le pas. A tout prendre, rien n'était perdu. A un millier de pas en avant de lui, il allait trouver ses hommes, maîtres déjà du cutter peut-être. Et alors, en route pour Londres, où ses millions l'attendaient ! Ce n'était qu'un mariage escroqueur de manqué. On ne peut pas tous les réussir. Encore un effort...

En conscience, Nicaise, le pauvre gros fatout,

râlait plus péniblement que lui. Il n'était plus guère soutenu que par le diable de rancune qu'il avait au corps, notre Nicaise ; il soufflait comme un bœuf, et bientôt se mit à geindre, mais sans cesser de courir.

Gadoche entendit ce gémissement. Du coup, plus d'un eût repris courage, mais il y avait la griffe du mort. Un frisson soudain glaça la sueur sur le front de Gadoche. Le mort, là-bas, dans la soupente, avait gémi aussi et ainsi. Etait-ce le mort ? Il se retourna. Il ne vit rien. Si fait : dans le brouillard, une forme indécise se détachait ; un homme qui glissait, qui *courait couché.* Couché sur le dos avec de grands yeux caves, et une main qui sortait du lit : cinq doigts sanglants, dont chacun retenait un lambeau de chair rouge. Et cela râlait, râlait...

Les jambes de Piètre Gadoche tremblèrent sous le poids de son corps.

A ce moment, le râle de « cela » devint plus violent et le fatout saillit hors du brouillard, criant :

— Arrête donc, coquin, que je t'étrangle !

En même temps, et tout près, une vive mousquetade éclata. Cent pas encore, et Gadoche rencontrait le salut. Il était à cent pas du galet d'Etreville.

Il dégaina, n'ayant plus le temps d'armer ses pistolets, et lança un furieux coup d'épée au travers du corps de Nicaise, qui passa sous le fer, peut-être sans le vouloir, car il se baissait justement pour planter sa grosse tête dans l'estomac du bandit.

Le choc lança Gadoche à dix pas de là. C'était bien au fatout, le râle. Il râlait de fatigue et aussi de rage. C'était le râle d'une bête féroce.

La mousquetade augmentait ; des cris de bataille s'y mêlaient, et les canons du cutter éclatèrent bientôt au-dessus du tumulte.

On n'entendait plus les cloches là-bas, devers la ville. Elles sonnaient pourtant à toute volée, et sous le porche de l'église Saint-Nicolas deux cortéges se rencontraient : deux femmes, une morte dans sa bière, une enfant qui portait la blanche couronne des fiancées. Gadoche aurait du être de ce deuil et de cette noce.

Mais Gadoche était entre les mains de Nicaise, — entre les griffes du mort, allions-nous dire.

Car une chose terrible avait lieu.

Chaque animal destructeur a son instinct. Les loups mordent au cou, les meurtriers visent au cœur ; on dit que la panthère s'attaque à toute partie qui saigne.

Le fatout était un tigre. Il avait jeté ses armes ; il n'avait pas besoin d'armes. Sans hésiter et changeant son râle en un grognement de rage satisfaite, il saisit à deux mains le bras gauche du bandit et s'y cramponna de toute sa force.

Gadoche poussa un cri de sauvage agonie. Nicaise serra plus fort.

A l'aide de son bras droit et de ses dents, Gadoche arma un pistolet et le déchargea dans le dos du fatout, qui tressaillit et serra plus fort encore. Il grinçait en serrant et disait :

— La demoiselle t'a tenu là-bas. La demoiselle t'a lâché ! tu l'as frappée ! Moi, je ne te lâcherai pas !

Gadoche déchargea son second pistolet. Nicaise tressaillit encore ; mais ses doigts s'incrustèrent dans le bras du bandit, qui rendit une plainte sans nom et tomba mort.

Nicaise le lâcha seulement alors ; puis il se releva et tâta ses reins, disant, droit qu'il était comme un chêne :

— Les blessures, ça ne fait pas tant de mal que je croyais ! La demoiselle verra bien si je suis une poule mouillée !

CONCLUSION

Le vent d'amont s'était levé avec le jusant, dispersant au loin la brume. Le ciel brillait pendant qu'une fraîche brise achevait de balayer le brouillard. La bataille était finie et les honteux soldats de mylord ambassadeur ne l'avaient pas gagnée. Le cutter le *Shannon* descendait le fleuve, toute voiles dehors.

Sur le pont, Jacques Stuart était entouré de ses gentilshommes, en brillants costumes écossais. Auprès de lui, la Cavalière se tenait debout et il y avait sur son triomphe comme un voile de tristesse.

En passant au large devant la tour François Iᵉʳ, le cutter hissa le pavillon royal d'Ecosse, qu'il appuya de douze coups de canon.

Sur le terre-plein de la tour, quelques gentilshommes, parmi lesquels était le capitaine de Royal-Auvergne, agitèrent leurs chapeaux. Mais les canons des remparts se turent ; depuis la mort de Louis XIV, les canons de France ne savaient plus parler qu'anglais.

———

L'expédition du premier chevalier de Saint-Georges, au delà de la Manche, se termina en quelque sorte avant d'avoir commencé, par suite de la jalousie inspirée par les Français qui suivaient le prétendant légitime. Un auteur a dit qu'il n'y avait qu'un homme dans l'état-major écossais du jeune roi, et il nomma Lady Mary Stuart : La Cavalière.

Les Ecossais, braves comme des lions, mais hargneux et indisciplinés, se battirent, à l'ordinaire, non point tant contre les Anglais, que les uns contre les autres. Ils furent vaincus sans que les Anglais eussent besoin de s'en mêler. Jacques Stuart, retiré à Rome, épousa la princesse Marie-Casimire-Sobieska, dont il eut un fils : ce héros d'aventure, beau, vaillant, spirituel, généreux, le second chevalier de Saint-Georges qui, au moins, gagna des batailles.

La poste de Nonancourt fut tenue pendant des années par Hélène Olivat, qu'on n'appelait point Mme Nicaise, quoiqu'elle eût donné sa main au fatout. Au contraire, chacun connaissait Nicaise sous le nom « du mari de la dame Olivat, » ce qui prouve bien que l'emploi de prince conjoint n'a pas été inventé de l'autre côté de la Manche.

Après la mort de son père et de sa mère, Raoul appela au château de Combourg Hélène et son docile époux. Ainsi l'avait souhaité celle qui, près de lui, ne souhaitait jamais rien en vain, lady Mary Douglas de Glenbervie, comtesse de Châteaubriand-Bretagne, que notre Nicaise s'habitua, à la longue, à ne plus appeler la Poupette.

Le comte René de Coëtlogon et la comtesse, sa femme, née Stuart de Rothsay, demeurèrent longtemps à Rome, suivant la cour du prince exilé. Quand la guerre s'alluma pour la succession d'Autriche, René de Coëtlogon revint en France et salua « Messieurs les Anglais » à Fontenoy.

L'année suivante, le nom de la Cavalière fut prononcé une dernière fois. Une femme admirablement belle, quoiqu'elle eût dépassé les limites de la jeunesse, portait l'étendard du clan de Mac-Leod à la bataille de Prestonpans où le jeune Charles-Edouard, vainqueur, peut se croire un instant roi d'Angleterre. Cette femme enleva le clan jusqu'au cœur de l'armée protestante pour dégager le Stuart que sa téméraire intrépidité avait entraîné trop avant. Stuart lui baisa la main,

entouré qu'il était encore d'ennemis et la nomma
« ma cousine. »

Le clan fidèle fit broder sur la bannière l'écusson de Coëtlogon de Bretagne, au-dessus du chiffre de Mary Stuart de Rothsay, comtesse de Coëtlogon avec cette légende : « Victoire de Prestonpans où la CAVALIÈRE me portait. — Le roi sauvé par Mac-Leod. »

FIN

TABLE DES MATIÈRES

I. — Comment la reine d'Angleterre eut le malheur d'éclabousser la grande Hélène Olivat.. 1

II. — Comment un beau postillon fut engagé par la grande Hélène 27

III. — Comment le chevalier de Saint-Georges fut attaqué de nuit dans la forêt de Saint-Germain 52

IV. — Comment la grande Hélène se mit tout-à-fait en colère. 82

.. — Où la grande Hélène qui n'était pas la femelle de Judas vend pourtant le roi pour trente deniers 105

VI. — Comment le chevalier de Saint-Georges se mit enfin en route pour la poste de Nonancourt. 128

VII. — Comment le vicomte de Châteaubriand-Bretagne arrangeait l'avenir 181

VIII. — Comment Nicaise, le Fatout, écoutait, lui aussi, aux portes 167

TABLE DES MATIÈRES

IX. — Comment la grande Hélène gronda Mariole et fut grondée par le Fatout 191
X. — Où le Fatout et la demoiselle se fâchent tout rouge 214
XI. — Des duels que la grande Hélène eut et ce qui s'ensuivit. 238
XII. — Où les événements défilent la parade . . 261
XIII. — Comment cet agneau de Nicaise revint au bercail transformé en loup. 284
XIV. — Des gens qui habitaient les divers étages de la Maison-Rouge. 311
XV. — D'une idée qu'eut le Fatout et de la bonne histoire que Piètre Gadoche raconta au dessert 339
XVI. — Comment les deux messieurs de Goëllogon qui s'aimaient tant manquèrent de se battre en duel 364
XVII. — Où le Fatout cesse d'être comique. . . . 390
Conclusion 412

FIN DE LA TABLE

Imprimerie de Destenay. — Saint-Amand (Cher).

LES
ÉTAPES D'UNE CONVERSION

OUVRAGE COMPLET EN 4 VOLUMES :

La Mort du Père, 1 volume, 18ᵉ édition.

Pierre Blot, 1 volume, 10ᵉ éditon.

La Première Communion, 1 volume, 7ᵉ édition.

Le Coup de Grâce, 1 volume, 6ᵉ édition.

www.ingramcontent.com/pod-product-compliance
Lightning Source LLC
Chambersburg PA
CBHW051830230426
43671CB00008B/901